教育大国シンガポール

日本は何を学べるか

中野円佳

光文社新書

はじめに

2022年、春。麗《うら》らかな日差しに、風が吹くとまだ少し肌寒かった4月1日、私は自分の子どもたちと3年ぶりに、桜の咲く日本の公園にいた。我が子だけではなく、公園にいた子どもたちが夢中になっていたのは、花でもなく団子でもなく、子どもが落ちても大丈夫な程度の浅い、池と川の間のような水たまりにいる、おたまじゃくしだった。

3歳くらいの男の子や、それぞれにかわいらしく髪を結った小学生の女の子のグループが、網やペットボトルや木の棒でおたまじゃくしを探して、人工ではあるものの木の葉が降り積もって生き物たちのすみかとなっている川底を引っかき回している。我が子たちも、おやつの時間も水を飲むのも忘れて、2時間はその場を離れない。

正直なところ、日本に早めに帰ってきたいと思ったのは、こういうことをさせたかったからという面もあった。季節の草花や生き物の成長について、教科書やドリルで、これがホウセンカの種で、最初の葉っぱは何枚で……だとか、カエルの卵はどんな形で、足が生えたりしっぽが消えたりがどの順番で起こるか……と学ぶことの、なんと馬鹿馬鹿しく感じられることか。そういったことは、日本で暮らしていれば自然と目に入ってくるのではないか。

我が家は夫の転勤で、常夏の都市国家であるシンガポールに5年間暮らした。日本とは違った植物や生き物の様子が大人にとっては物珍しく興味深かったし、シンガポールで生まれ育つ子どもたちにとっては四季がないのも当たり前で、季節の移り変わりに従った植物の変化も、おそらく知らないと困ることではない。

でも、私の中では、とりわけコロナ禍で2年以上一時帰国すらできなくなってからは、日本の四季の豊かさを味わってほしいという気持ちが強くなっていた。とりわけ、出国前に5歳だった息子は虫取りが大好きで、シンガポールでもバッタをよく捕まえてはいたものの、虫取り網を振り回してトンボを何時間も追い掛け回したり、夏の夜にカブトムシを探したりする経験がしばらくできなくなり、しまいには室内に入ってきた虫にかなり拒否反応を示すようになってきていた。

今後、日本語中心で生きていくのであれば、子ども時代の経験が大いに読解力にも影響するのではないかとも思いはじめていた。これはあくまでも個人的な教育観であって、「我が子をグローバル人材に育てよう」という人の中には、賛同しない人も多いかもしれないし、ここで厳密にエビデンスに基づいた教育論は展開しない。

だが、たとえば日本語の文章を読んでいて、「あじさいが……」という描写があったときに、そもそもそれを花の名前だと認識することから始まり、これはだいたい6月頃の描写で、雨が降っているかもしれないといったようなことが、シンガポールで育つ我が子には想像がしにくくなっていくだろうと予想できた。

英才教育をするということではなく、自然に日本で暮らしていれば感じられること、経験できることを、経験させてあげられていない。小学校で朝顔を育てるとか、メダカを観察するとか、公平にもたらされる様々な機会が、日本の日常には豊かに散らばっているようにも思えた。そのような経験をコロナで2年以上逃してきた我が子に、日本の当たり前の豊かさを感じてほしい。そこに自分の仕事の都合も重なり、母子での帰国を決断した。

実際、我が子たちは、日本に帰るなり、道端にたんぽぽの綿毛があれば片っ端から吹き飛ばすのに夢中になり、蝶を見つければいつまでも追い掛け回すようになった。綿毛やおたまじゃくしに盛り上がれる子どもたちを見て、本当に帰ってきてよかったなと思った反面、私はどことなく罪悪感のような、胸のざわつきも覚えていた。

なぜか。平日の公園で子どもたちを見守りながら、こうしておたまじゃくしを取りにくることができるのは、ある意味で、春休みに子どもを公園に連れてくる「余裕」のある家庭の子どもだったりするのだろうか……と思ったのだ。

生活困窮層やヤングケアラーはもちろんのこと、たとえばシングル親家庭や共働き家庭であれば、春休みでも子どもに付き添う時間が限られるかもしれない。あるいは、経済的に豊かな家庭であっても、塾の春期講習やあれやこれやで忙しく予定を詰め込まれた子どもたちは、こういう体験をする時間があるのだろうか、と。

さらに、おたまじゃくしを持ち帰ってどのように飼育したらいいかを一緒に調べたりお膳立てしたりしてくれて、場合によっては絵日記に記録してみようかなんて促したりする親や祖父母がいるかどうかによっても、その体験から得るものには差が出てくるだろう。

その数日前に、ある塾を見学した際に、理科の授業で私より少し若そうな講師が「シロツメクサはみんな知ってるよね、王冠とか作ったでしょ」と言ったとき、新小学４年生たちが「え、ない」と首を振っていたことを思い出した。同じ講師が「花占いで、好き、きらい、好き、きらいとかやるでしょ？」と言ったときも、子どもたちは「何それ？」という反応だった。

あの講師と私には、シロツメクサの王冠も花占いも経験があり、話が通じた。でも今の小学生には通じていない。彼らにはその体験がないのだ。

都心に住み、シロツメクサが咲いている場所を通っていなかったのか、通っても「これはシロツメクサだよ。こうやったら王冠を作れるよ」と示してくれる大人や上級生がいなかったのか。大人も知らなかったのか。知っていたが時間の余裕がなかったのか。

私の胸がざわざわしたのは、1つは、このように私が「日本で暮らしていさえすれば自然に触れられる〝豊かな日常〟と考えていたこと自体が、あくまでもそれに価値があるとすればではあるが、誰もが得られるとは限らない、ある意味で特権的な経験になっている可能性があるのではないかという一抹の不安からだ。

この特権は、都市部よりも地方、整備されたタワーマンションよりも空き地の多い住宅地に住んでいたほうが得られる可能性もあり、必ずしも経済的社会的地位を反映するものではないかもしれない。

一方で、そのような道端の動植物を見つけたときに、一緒に大人がいるか、反応してあげられる時間的余裕があるかという意味では、親の文化資本と時間資本があるかどうかといえるかもしれない。

もう1つの懸念は、誰もが得られる経験ではないにもかかわらず、仮に私が感じていたように読解力などに影響をしているとすると、こうした「子どもが時間を忘れて熱中して遊ぶ」こと自体が、親のエゴイスティックな戦略に基づいて用意されるようになってしまう、あるいはすでになっていて、自分もそれに加担しているのではないかというものだ。

「おたまじゃくしを捕まえる」経験が、今の子どもたちの中でどれくらいレアで、それが本当に価値があるものかどうかをここで議論したいわけではない。

でも「自分の子はシンガポールにいて全然経験していないから」と言いつつ、自分の子に自分が考える有利な道を進ませようと手を打つ親の一人にすでに自分がなっていて、なんだか構造を助長しているのではないかという気分の悪さが胸の中にじわりと広がった。

＊　＊

2014年に、『「育休世代」のジレンマ――女性活用はなぜ失敗するのか？』という本を上梓した。修士論文が基になった本だが、そのときの指導教官だった上野千鶴子さんに、呪いのようにかけられた言葉がある。細かい表現は忘れたが、「高学歴女性たちは、(仕事と育児の両立の)次は子どもの教育達成に悩みはじめるわよ」というようなこと。

本の基になった修士論文の調査をしていたのは２０１２年。当時インタビューをさせてもらった母親たちは、まだ子どもが乳幼児であり、私自身も、そして母親たちも、子どもの将来や教育のことを聞いてもピンときていなかった。あれから10年。赤ん坊も、小学校４年生になっている。２〜３歳だった子は、中学受験を迎えている。

おりしも、世界中で、子どもの教育競争をめぐる報道やドラマが話題になっており、中国や韓国では、子どもの教育のために専業主婦になる女性たちの様相が、研究者たちによって続々と報告されはじめていた。

やりがいのある仕事を育児で諦めないといけないのか、と問うた『「育休世代」のジレンマ』、つまり「仕事と育児の両立」から、これから母親たちは「仕事と教育の両立」問題に突入していく。その予想、そして上野千鶴子からの呪いのような言葉は、教育競争の最も激しい国の１つとされるシンガポールで、確信に変わっていった。

シンガポールというとどのようなイメージだろうか。日本を参考にせよとしていた時期もあるが、アジアの国際都市としての成功が語られる中で、日本をある面ではすでに追い越していった「未来都市」のように見ている人もいるかもしれない。

合理的で、小規模ゆえに賢くふるまう国。明るい北朝鮮ともいわれて、監視が厳しい国。リー・クアンユーのリーダーシップや建国論はよく見るけれど、その中で血の通った人々の生活をうかがい知ることのできる書籍は意外とない。

この本では、シンガポールの競争社会を取り上げる。もちろんシンガポール人が全員、教育競争に血眼になっているわけではない。階層や人種の差もあるし、たとえば同じ中華系の大卒の親たちの中でもかなりの多様性はある。

個々人の中にも葛藤があり、競争システムに巻き込まれていくことに対して、本音のところでは「点数だけが大事ではない」「子どもには幸せになってほしい」と疑問を覚えながらも、致し方なく子どものお尻を叩いているというケースも多い。

本書が主眼を置くのは、教育や家庭の在り方についての格差論ではなく、むしろミドルクラスの内部で起こっている矛盾や葛藤だ。

シンガポールで5年、生活をしながら調査をして見えてきたのは、色々とうまくいっているように見える中で葛藤している親たちの姿と、あまり表立って抗議はしないし問題と思っていない人も多いのだけれど、そこに静かに根差している男女の役割分担だ。

個人的な印象として、世界の教育の未来は決して明るくないと感じている。日本の熱心な保護者たちの、巷《ちまた》にあふれる教育本や教育論への反応を見ていると、時に絶望的な気分になる。

「親がしっかりしなければ」「家庭での日々の声かけが大事ですね」――。親になるハードルを次々上げて、しかも社会全体としては階層の再生産につながるのに、子の教育を自己責任の世界にしてしまう論調。それは果たして誰を利することになっているのか。誰の犠牲のもとに成り立つのか。誰の葛藤をないものにしているのか。

日本は専業主婦前提社会から、徐々に共働き社会に移行しつつあるが、そこでミドルクラスの共働き家庭がぶつかる課題は、他国と同じように「子どもの教育」になっていくのだろうか。

日本の望む未来はどこにあるのか。シンガポールという、実験国家のような興味深い国で起こっていることは、日本の近未来だろうか。あるいは、ここは日本がすでに取らなかった道を進んだパラレルワールドのような場所なのだろうか。

それに代わる未来までを導き出すことを本書は目的としていない。今あるがままを描くのがジャーナリストの1つの役割だと思っている。今、何が起こっているかを記述することで、読者の方々に何らかの示唆を得てもらえたら幸いである。

教育大国シンガポール

目次

第Ⅱ章 もう１つの教育競争
――グレード化する習い事

本文写真／中野円佳
本文図版作成／キンダイ
目次・章扉・コラムデザイン／熊谷智子

第Ⅰ章

教育優等生のシンガポール？

観光名所のマーライオンパークもコロナ禍では閑散としていた

教育を止めないシンガポール

２０２０年から世界を襲った新型コロナウイルスは、各国の感染症対策のみならず、様々なものを浮き彫りにした。私は当時シンガポールにいて、マスクなしで外出すると罰金が科されるなどの徹底的な管理には驚きを覚えたが、同時に見えた「教育を守ろうとする姿勢」には感嘆することも多かった。

中国武漢で新型ウイルスの存在が話題になりはじめた２０２０年初頭。ベトナムなどが１月下旬のかなり感染初期の段階から、長期の休校に踏み切る措置を取ったのに対し、シンガポールはかたくなに休校を避けようとしていた。

ＳＡＲＳの経験があったためといわれるが、医療機関と教育機関では、中国渡航歴がある教職員や生徒は、帰国後２週間は敷地内に入らないようにする、大規模な集まりは禁止するなどの措置を初期から徹底。

実際に、ローカル公立校ではほとんど感染者は出ず、この時期に10代の生徒が陽性となったケースでも、消毒のために１日だけ全校休校にし、濃厚接触者を最後の登校から２週間自宅隔離とした以外は、次の平日には他の学級・学年は学校を再開するというスピード対応を実施した。

日本で安倍晋三総理大臣（当時）が唐突に休校措置を発表し、大混乱をきたしたのとは対照的に、シンガポールの教育相は「休校を避ける理由」を次のように語った。

（1）家庭で過ごすことが安全とは言い切れない

（2）子どもたちは休校になれば学校外で過ごすことが増え、実際に公園など外で身体を動かすことは免疫力を上げるうえでもよいことであるが、結果的に公衆に晒《さら》され感染リスクが上がる可能性がある

（3）日常生活への影響が大きく、共働き家庭が新たなアレンジを必要とする

この大臣の発言に、子を持つ親としては首肯《しゅこう》し、子育て中の家庭の状況がよく分かっていると感心してしまった。そもそもシンガポールは共働きが前提で、教育相の発言からも分かるとおり、子どもが休校になった場合に「お母さんが家にいる」という感覚がない。

休校措置を取るかどうかには、国によって普段の子育ての状況が反映されている。

たとえば、前述したように早期に休校措置を取った国の1つにベトナムがある。ベトナム在住11年の日本人女性によれば、子どもを田舎の祖父母に預けて親が都市部に働きに来てい

るので、休校になってもあまり影響がないと考える親が多いそうだ。

日本が、実態としては共働きも増えているのに、その日常のあり様を無視した休校措置を取っていただけに、シンガポールの施策には拍手を送りたくなった。

迅速なオンライン対応

このように、休校を避けていたシンガポールだが、同時に学校に対しては、より事態が深刻になったときにオンライン対応ができるよう準備を進める旨の指令が出ていた。そして、2020年4月に全国的な「サーキットブレーカー」（ソフトロックダウン）が発動されたときには、きわめてスムーズにオンライン学習への移行が進んだ。

さらに、施策同士の整合性も素晴らしかった。どうしても出勤しないといけないエッセンシャルワーカーとはどの業種であるかを明示的に発表したうえで、両親がその職種に該当するなどで面倒を見られない子どもについては登校が可能、同時に家庭環境に恵まれない子どもたちへの配慮は……などについて、1つの会見に集結した各大臣が、よどみなく矛盾なく説明していったのだ。

その後、サーキットブレーカーを段階的に解除していく際も、影響をできるだけ小さくするために、小学校6年生など試験を控えた最終学年を、優先的に登校させるなどの工夫が見られた。

もちろん、シンガポールのコロナ対応が、その後もすべて一貫していて総合的に成功したとは言い切れない。２０２１年秋にはワクチン接種率が8割を超えていたにもかかわらず、感染が拡大し、外で集まることができる人数を、２人まで、５人までなどと制限する規制がたびたび導入された。

２０２１年5月には、抑え込んでいると思われていた感染が再びじわりと広がり、市中感染が1日20～30人台となった。塾のチューター経由で子どもの感染が確認されたこともあり、シンガポールの学校は再びオンライン学習に移行することとなった。

ただ、このときも、移行のタイミングについては、「多くの学校で、中間考査が終わるのを見計らったのでは」（シンガポール人との間に小学生の子どもがいる日本人女性）との声もあり、学校の内実に合わせた施策が取られたといえよう。

日本でオミクロン株の流行による休園・休校や学級閉鎖が相次いだ２０２２年２月前後も、シンガポールでは抗原検査で陰性であれば、濃厚接触になろうと外出を妨げないこととし、学校は普段どおりであった。

つまり、シンガポール政府は教育（とりわけ「試験」）を重視し、それを止めない姿勢がコロナ対応においても随所に現れていた。

シンガポールにとっての教育

シンガポールでは、教育がどうしてこうも重視されてきたのか。シンガポールの教育システムを理解するには、その国の成り立ちからひも解く必要がある。

『シンガポール国家の研究――「秩序と成長」の制度化・機能・アクター』（岩崎育夫、２００５年）や『シンガポールの奇跡――発展の秘訣と新たな課題』（坂口可奈、２０１７年）を参考に、シンガポールの歴史を簡単に振り返ってみよう。

シンガポールがマレーシアから独立したのは１９６５年。「独立」というと、勝ち取ったイメージがあるが、シンガポールの場合はそうではない。

シンガポールは、もともとマレー半島最南端の、住民１５０人といわれる小さな島だったが、１８１９年にイギリスの東インド会社の社員であったスタンフォード・ラッフルズにより「発見」され、その後イギリス植民地となり、地域の貿易拠点として発展する。

日本軍による支配を経て、イギリスが１９４６年にマレーシアから分離して直轄植民地とした。その後、自治政権が誕生する。１９５４年に結成され、今も実質的に政治を独占している人民行動党（ＰＡＰ）は当初、マレーシアとの合併による独立を目指していた。

しかし、１９６３年にマレーシア連邦の一州となって独立を果たした矢先、華人とマレー人の対立が激化。マレーシアのラーマン首相はマレーシア国家の安定のために、マレー人優位の国家原理に異議を唱えているＰＡＰが率いるシンガポールを「追放」することに決めたのだ。

シンガポール独立の父である当時のリー・クアンユー首相の演説は、私もYouTubeで見たことがある。涙で言葉に詰まりながら、奮い立たせるように話す姿が印象的だった。

シンガポールはマレーシアから切り離され、水も含む天然資源を持たず、周りの国も友好的とはいえない環境で、独立を迫られた。

そこから、57年。現在の発展をもたらすのは並大抵のことではなかっただろう。資源がない中で、シンガポールには人材しかなかった。人的資本こそが国の経済を支えるとして、教育に力を入れてきた。

シンガポール政府は、国の発展につなげる目的で、教育改革を実行してきた。産業側の要請を反映しながら変化してきた教育政策は、次頁から説明するように、現在第４フェーズに達している。

【第1フェーズ：1965年～1978年　生き残り志向教育】

労働集約的な製造業に焦点を絞り、そのための技術的スキルを身につけるための中学校設立。英語、数学、科学、価値観教育が中心。識字率の向上、技術訓練などが目的。

【第2フェーズ：1979年～1996年　効率志向教育】

1979年の「ゴーレポート」により、中退率や学習達成度の低さが問題視され、質を重視し、それぞれの能力に合ったコースで学べるように、振り分け（ストリーミング）制度が採用される。労働力としての訓練や技術を習得する機会を最大化することが目的。

【第3フェーズ：1997年～2011年　能力志向教育】

経済が労働集約から知的産業に移るにあたり、柔軟性を高める。1997年「考える学校、学ぶ国民」（43頁）という方針により、学校に自治権を与える代わりに、説明責任を求める。批判的で創造的な思考、高度な技術知識と創意工夫、進取の精神、リスクを恐れない心などを重視しはじめる。

【第4フェーズ：2012年～　生徒中心の価値志向教育】

学問偏重を是正し、体育、芸術や音楽などの文化面での卓越もまた成功であるとの価値発信。生涯学習の機会も充実させる。

１９７０年代、二言語政策のもとで学習に支障をきたす生徒がいたことなどで、中退率の高さに問題意識を覚えた政府は、レベル別の振り分け制度を導入した。

この振り分け制度は、小学校卒業段階で受ける「ＰＳＬＥ（Primary School Leaving Examination）」という国家統一試験の成績によって、卒業後に進むコースを決めるもので、後述するようにこの試験がシンガポールの教育を特徴づける象徴的な存在となる。

このＰＳＬＥに始まる試験制度は、エリート選抜の装置となっている。およそ3分の2が快速（Express）コース（４年制）に進み、中学校修了時にはＧＣＥ－Ｏレベルと呼ばれる試験を受ける。２割強が普通－学術（Normal-Academic）、１割程度が普通－技術（Normal-Technical）に進み、中学修了時は難易度のより低いＧＣＥ－Ｎレベルと呼ばれる学力試験を受ける。

これらの成績に応じて、大学進学を目指すジュニアカレッジ、ディプロマ（修了証書）を取得できるポリテクニック（ポリテク）、職業教育を実施する技術教育校（ＩＴＥ）に進路が分かれ、それぞれの教育機関ごとの修了時に資格を取得するための試験を受ける。

もっとも、敗者復活が不可能というわけではなく、中学の普通コースでＧＣＥ－Ｎレベルでよい成績を収めれば、中学５年に進級し、１年後にＧＣＥ－Ｏレベルの試験を受けることができる５年制の仕組みや、技術教育校でよい成績を収め続ければ、ポリテクなどに進み、さらに大学へ編入する道もある。しかし、ほとんどの国民は複線型教育制度のもとで、学力試験による選抜により進路が決定されていく。

メリトクラシー国家

シンガポールにおける教育システムの目的は、国家へのアイデンティティと献身の精神を身につけさせること、経済発展の持続を達成することだ。そこで重視されているのが、教育を媒介として能力のある人材を登用していく体制である。

国家の発展のため、学歴エリートを、官僚、そして政府に引き入れていく。シンガポール政府は、近隣のアジア諸国で賄賂《わいろ》や不正がまかり通っている可能性とは一線を画し、自国のシステムを「メリトクラシー」といって憚《はばか》らない。

「メリトクラシー」というのは、もともとマイケル・ヤングの著作『メリトクラシー』に出てくる社会のことで、それまでの属性主義、つまり貴族に生まれたものが貴族になるということではなく、能力主義、つまり学歴などによって測った能力とされるものに応じた処遇を徹底するという考え方だ。

　ヤングは想像上の２０３４年の世界を描いているのだが、徹底的にメリトクラシー化した社会では、エリートは、自分の能力や業績、報酬を当然視するようになる。

　一方の「下層階級」は、それまでは「教育が公正でないから下層に属しているが、不平等がなくなれば自分にもチャンスがある」という「幻想」を抱けたのが、メリトクラシー化した社会では、自分の劣等性を認めなくてはならなくなる。そんな世界をディストピア的に描いている。

　昨今も、マイケル・サンデル『実力も運のうち——能力主義は正義か？』（２０２１年）など、メリトクラシーそのものが内包する問題と、近年の学歴偏重主義を指摘する声もある。

　このように学者などが使うケースでは、多くの場合、ネガティブな響きを持ちがちな用語であるが、シンガポールで「メリトクラシー」という言葉が使われるときには、たいていはポジティブなトーンだ。

学歴エリートを官僚にするため、シンガポール政府は、高校卒業試験で優秀な成績を得た上位数百名に、奨学金を出して米英などの有名大学に送り込み、帰国後に一定の年数を政府機関で働くことを義務付けている。

キャリア官僚の給与は民間と連動するようになっており、１９９０年代からは、金融、法曹、多国籍企業の役員のトップ層と遜色ないように連動するベンチマーク制を採用。民間との人の行き来も多いほか、官僚出身でＰＡＰ（人民行動党）に入るケースも多い。

このような学歴社会であり、国内大学の進学率は２０２０年に39・１%と、２０１５年から５・３ポイント上昇している。統計局のデータによれば、25〜29歳のシンガポール市民の最終学歴（海外大学など含む）は、１９９０年には大卒以上が８%であったのが、２００５年には37%、２０２０年には56%まで増加している。

シンガポール人の研究者で昭和女子大学のシム・チュン・キャット准教授は、高学歴化の背景に、公式な学校教育を修了した後でも、トーナメント競争で優位な立場を得るべく、リカレント教育や留学により、市場価値を少しでも高め続けるマインドセットがあると指摘している（シム ２０２０）。

就職に際しても、学歴や学力試験の結果が重要になる。獲得した学歴による賃金格差が大きく、同じ大卒でも成績により、初任給や所職の種類・地位・階級や昇進昇格までもが影響される。シム准教授は、シンガポール人にとってのマイナンバーカードのようなＩＤに、自分でも覚えていないような中学時代の試験の点数まで記録されていると教えてくれた。

シンガポールのメリトクラシーについて、シム著『シンガポールの教育とメリトクラシーに関する比較社会学的研究——選抜度の低い学校が果たす教育的・社会的機能と役割』（２００９年）は、訓練された教師や手厚いサポートにより、選抜されなかった層（ＩＴＥ〔技術教育校〕の生徒たち）までも決して「冷却」されていない実態を描いている。

しかし、人種や家庭環境など、生まれた環境によって不平等があることについては、Teo You Yenn『This Is What Inequality Looks Like（不平等の見え方）』（２０１９年、未邦訳）など、国内でも指摘がないわけではない。

元官僚で、ＮＵＳ（シンガポール国立大学）で教鞭も取っていたドナルド・ロー氏は、メリトクラシーについて、シンガポールがマレーシアから独立した理由であり、国のアイデンティティになるコアな概念だとする一方で、近年、その運用上で過剰な競争を引き起こし、人々にストレスを与えていること、格差が拡大していることなどへの懸念も高まっていると指摘する（Low 2013）。

また、現場労働や家事労働を外国人労働者に任せているモデルにも、海外から賛否はある（「補論」参照）。

それでも、エリート官僚と政治家による国家主導で、企業を誘致し高度人材を惹きつけ、現在までの経済発展にこぎつけた実績、そして教育レベルの高さは、国際的にも高く評価されている。

国際学力テスト上位国の悩み

シンガポールは１９９０年代後半から、ＴＩＭＳＳ（国際数学・理科教育動向調査、Trends in International Mathematics and Science Study）で、高い水準の得点を達成し続けてきた。

ＴＩＭＳＳというのは、いわゆる従来型学力を測る調査とされている。この調査では「詰め込み型」教育をしている国が上位を取っているだけ……という批判はある。

でも、シンガポールが強かったのは、ＴＩＭＳＳだけではなかった。知識から推測し、教科を横断して未知の状況に対する思考力を問われるとされるＰＩＳＡ（国際生徒評価のためのプログラム、Programme for International Student Assessment）においても、シンガポールは高成績を残したのだ（Schleicher 2018=2019）。

シンガポールが２０１２年に、ＰＩＳＡが実施した創造的問題解決能力の調査でも１位となったことは、詰め込み型教育を批判してきた人たちに、軽い衝撃をもって受け止められたようだ。

２０１５年、ＰＩＳＡは、他者と会話をしながら課題に取り組む力を見る協同問題解決能力という問題を導入したが、シンガポールはこの科目でも世界１位をマークした。

もちろん、ＰＩＳＡとて試験志向を脱することができていないとの批判はあるのだが、それでも、これらの調査結果をもって、シンガポールを教育改革においても成功した国と位置づける研究も多い。

これらの国際比較においては、成功要因として、政府の政策の柔軟性、教師の質の高さ（教員研修などに力を入れている）、校長の裁量権の大きさなどが取り上げられてきた。

しかし、華々しい成績の一方で、シンガポール国内で教育の課題として挙げられるのは、競争過熱によるストレスだ。

より）

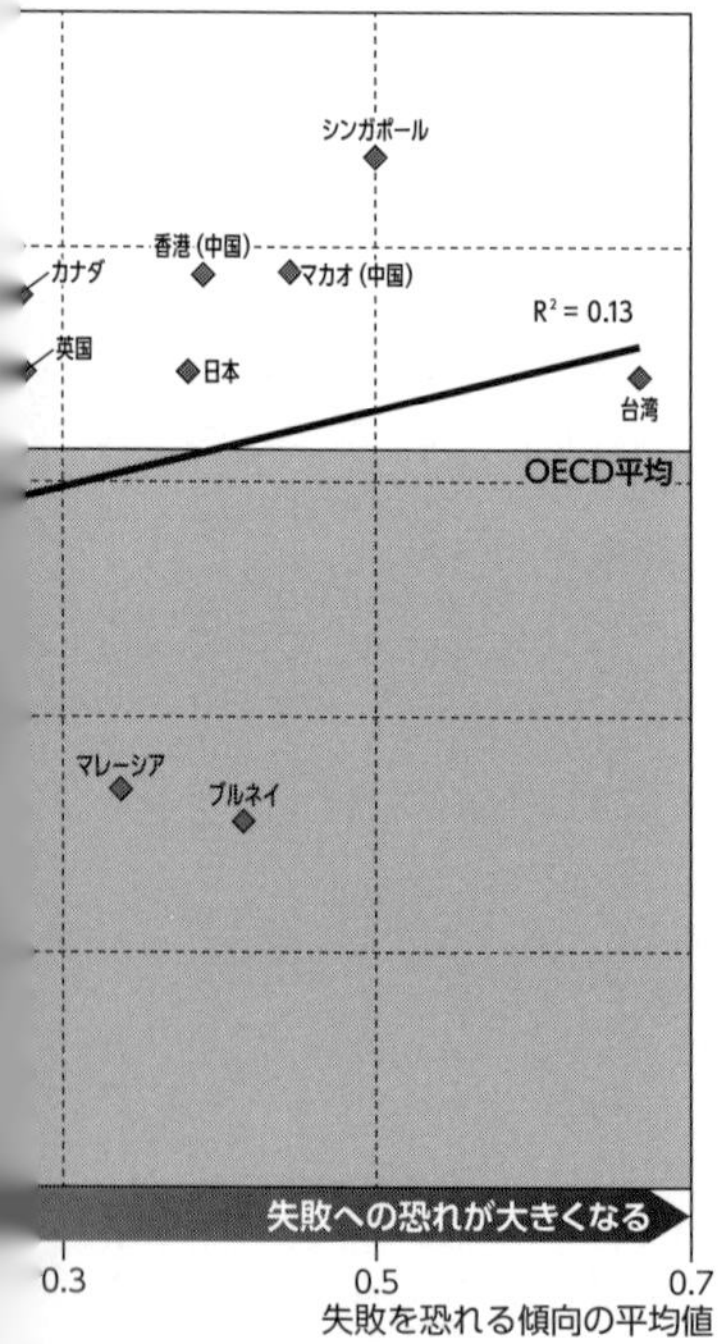

シンガポールの教育システムの最大の特徴は、前述したとおり、小学校修了時にＰＳＬＥと呼ばれる試験があることだ。長い間、この結果によって中等教育で進むコースが振り分けられる制度があり、しかも、それを経て最終的に獲得した学歴による賃金格差が大きい。

そのため、親子のストレスが非常に大きい。１９９０年代から、子どもの学業面での成功に対するストレスが、階層を超えて存在することは指摘されている。

たとえば、２０１８年のＰＩＳＡで、「失敗をしたら周囲の人にどう思われるか心配だ」

資料1　失敗を恐れる傾向と読解力（PISA 2018、各国の子どもの回

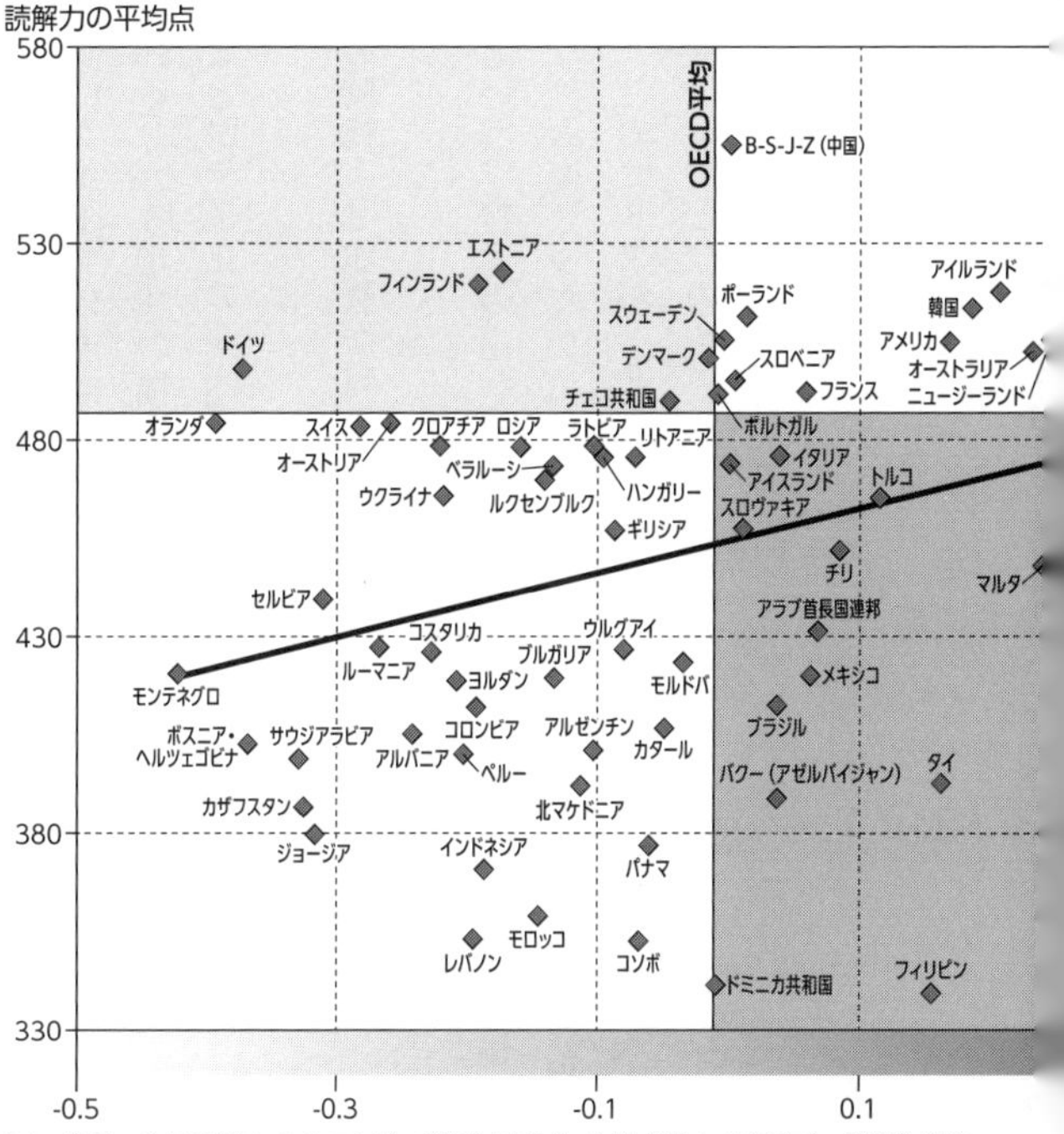

シンガポールは読解力のスコア（＝縦軸）が高く、失敗を恐れる傾向（＝横軸）が強い。

出所：https://www.oecd-ilibrary.org/docserver/2f9d3124-en.pdf　を基に作成

と回答した生徒は72％にのぼる（ＯＥＣＤ平均は56％）など、失敗を恐れる傾向が世界でも最も高いグループに入る（**資料1**）。子どもの成績にやきもきする親のことも、負けることを恐れるという意味の福建省の方言から「Kiasu（キアス）」といわれ、親のストレスも大きいことが少子化の要因の１つともされている。

親の時代より試験が難しくなっている？

しかも、このＰＳＬＥをめぐり、親たちに話を聞くと、「どんどん内容が難しくなっている」という。日本の中学受験についても、関わる親が声を揃えて言うのが、「私たちの頃はこんなに大変じゃなかった」。勉強内容がどんどん難しく、複雑になっているといわれるのだが、このセリフが、あまりにもシンガポールで聞いてきたものと同じで驚いてしまう。

どういうことなのか。

中華系で、外資系金融機関で働くエブリンさん（仮名）は、インタビューした２０１８年当時、息子が小学3年生だったが、「私は自分が息子ぐらいの年齢のときは塾に行ったことはなくて、放課後はテレビを見て、遊んで過ごしていたけれど、息子は塾に行ってるし、私たちの時代より競争は激しくなっている。私の小学生の頃にも試験はあったけれど、もっと簡単だった」と話す。

エブリンさんは、今やアジアでも有数の大学であるシンガポール国立大学（NUS）卒。「ご自身は勉強が得意だったから、そう感じるのでは?」と尋ねると、「そうは思わない。たとえば私の頃は、小学1年生だったら、リンゴとかバナナとかシンプルな英単語を書いていた記憶がある。でも今の1年生は、ストーリーを書くことが求められる」と断言した。

小学校4年生用のPSLE対策問題集

他にも、現在30～40代で、小学生の子どもがいる母親たちにインタビューをすると、自分の頃よりも3年分くらい進みが早いという証言は複数出てきた。

「息子は8歳だけど、11歳くらいでやっていた内容をやっているように思える」「カリキュラムの内容はたぶんそんなに変わらないのかもしれないけど、問い方が難しくなっている」などの声がある。

各国の教育を比較した書籍『カリキュラム・マネジメントと授業の質保証』（原田信之編著、２０１８年）では、ＰＳＬＥで実際に出題された問題について、たとえば英語では、短編漫画やイラストなどを見たうえで、主人公の立場でメールや説明文を書く問題、理科では「砂漠に生きるラクダにとって、足が長いことはどのようなメリットがあるか」「プールから上がった後に風が吹くと、なぜ余計に寒く感じるのか？」といったオープン・エンドの問題30問以上を、１時間45分以内に回答するなど、「知識理解の定着を見る正誤選択問題だけではなく、児童の思考力や知識活用力を問う問題も多く見られる」とする。

早期化する教育

教育の早期化、低年齢化も進んでいる。シンガポールの就学前教育は、小学校からの義務教育の大半が公立であるのと異なり、民間企業による運営も認められている。それもあって、遊びを中心にする園や、モンテッソーリ教育をうたっている園など、多様性がある。

シンガポールの幼稚園や保育園に見学に行くと、年中にあたるＫ１（Kindergarten1）頃から、中国語や、算数では小さなテストをスタートさせていることが多い。中には、テストの点数と順位を貼り出している園もあった。

日本では、保育園については、長らく待機児童問題があり、希望の園に入るのも大変だったこともあり、一度家の近くの認可保育園や幼稚園に入園できた場合、できるだけ卒園まで同じところで、と考える親が多いのではないだろうか。

これに対し、シンガポールの親たちは、わりと簡単に転園させる。子どもを通わせている園について、「緩《ゆる》すぎる」と、学年が上がるにしたがって勉強に力を入れている園に転園させることも珍しくない。

中華系シンガポール人のケリーさん（仮名）夫妻は、共働きだが、現在小学１年生の娘は、２歳までは父方の祖父母に面倒を見てもらい、２歳から保育園に通いはじめた。しかし就学までに２回転園をすることになる。

１回目は、歩いて通うことのできる距離に新しい園ができたので、そこに転園させたが、「リラックスしすぎているという印象があって、小学校入学前に準備を始めたいから、もっと組織化されている園に替えた」。

それでもなお、保育園のお迎え後や週末に、ケリーさんは娘を中国語や算数の塾に通わせていた。ケリーさんは、「中国語も、最初は歌を歌いながらとか遊びながら、早めに子どものルーティンに組み込んでしまったほうがいいと思う」と話す。

ケリーさんの娘は、年長時点で、このほかに、保育園内の習い事であるレゴロボティクス、保育園外で、英語フォニックス、水泳、ピアノ、右脳トレーニング、スピーチ＆ドラマなどの教室にも通っていた。

シンガポールの街中では、少し歩けば、算数や中国語の小規模塾を数多く見かけることになる。現地新聞『The Straits Times』によると、２０１２年に７００カ所だった塾・習い事などの学校外教育施設は、２０１９年時点で９５０カ所に増加している（“Tuition is not an educational end”. 2019.9.11）。

子どもにかけるお金も、塾・家庭教師には、２００７年には月平均１４３シンガポールドル（約１万１０００円、当時）だったのが、２０１７年には１８６シンガポールドル（約１万５０００円、当時）に上がっている。

とりわけ、家庭教師代は横ばいであるのに対し、塾だけを見ると、２００７年には、親が大卒の家庭で月平均43シンガポールドル（約３４００円、当時）だったのが、２０１７年には90シンガポールドル（約７３００円、当時）に上がっている。

これは、子どもがいない家庭も含めた平均なので、子どもがいる家庭が実際にかけている金額ははるかに大きいと考えられるが、少なくともこの指標を見るだけでも、この間、塾産業が発展したことをうかがわせる。

なぜ難しくなるのか

日本で、ある塾の説明会でこのような話を聞いた。中学受験の最難関校の１つである開成中学校の回答用紙は、10年前は選択肢形式や抜き出し型の問いもあったが、現在ではより思考力が問われる記述式の大問がいくつかだけになっている。

学校側は、その場で考える力がどれだけあるかを測ろうとして、新しい問題を出したり、思考力が問われる形式に変更するが、塾側は、新しい傾向が出てくれば、それに対する対策を伝授しようとするので、必然的に、やることはどんどん膨らんでいく――。

限られた席を争う「選抜」には、必ず差異化が必要だ。皆が満点を取れば、差がつけられない。こうして、望む望まないにかかわらず、親子が対策を取るほど、試験の内容が難しくなる。

スタンフォード大学教育大学院のデイヴィッド・ラバリー教授は、著書『Someone Has to Fail』（２０１０年、邦訳は『教育依存社会アメリカ』２０１８年）の中で、教育のハードルがどんどん上がり続ける様子を「エレベーター効果」として、次のようにそのメカニズムを説明する。
ある生徒集団が、自分たちより高学歴な集団の社会的優位性の源泉となっている学校教育レベルの門戸開放を求める。その生徒集団が、ようやくこの教育レベルに参入していけるようになると、今度はもともと優位性を持っていた集団は、当該レベルの学校を階層化する。
階層構造における上位トラックの位置をキープすることで、このレベルの専従者である自分たちの優位性の維持を享受する。同時に、上位層は学校システムの次なる高次の学校へと子どもを送ろうとするようになり、それが新しい優位性のゾーンとなる。

ラバリーのこの言及は、学校段階のエレベーター効果、つまり、取得する学歴のレベルが、高校、大学、大学院……とどんどん上がっていくことについて述べているが、シンガポールで試験が難しくなってきた経緯とも似ている。

「自分としては成績や試験はさほど重要ではないと思うが、他の親が姿勢を変えないから」という理由で風潮を変えられない……。このような集合的行動が、誰も望んでいない方向に向かわせているのだとしたら、全体をよい方向にしていくにはどうしたらいいのか。それは親の選択のせいなのだろうか。

ストレス緩和のための教育改革

私がシンガポールにいた2021年の夏、衝撃的な事件が起こった。リバーバレー高校という中高一貫校で、13歳の中学生が、2学年上の在校生に刺殺されたのだ。シンガポールで前代未聞の校内犯罪に、島内は騒然としたが、その後、この加害者個人の動機や家庭環境などの検証よりも、活発に議論されていたのは、子どもへの「メンタルケア」が必要だということと、「ストレスフルな教育システム」についてだった。

シンガポール政府は、ずいぶん前から、競争がますます過熱していること、それが子どものストレスとなっていることを認識し、対処しようとしてきた。

それがまだまだ不十分であるという認識が、殺害事件と教育システムによるストレスを結び付けた議論をもたらしたのだろう。

実際、シンガポール政府は、1990年代後半から2000年代にかけて、全人的発達を目指す教育改革を実施してきた。

まず、学力観や学習法を、暗記型・詰め込み型から思考力を問う形に見直しを行ってきた。

1997年の「考える学校、学ぶ国民（Thinking Schools, Learning Nation）」政策の中で、知識基盤社会に対応するため、試験のための勉強から、「革新力」「創造力」などを重視し、暗記中心の一斉指導から、現実の課題に対応するための思考力を育てる方針を示している。

この政策後も、学校内では試験集中型が残り、不十分だったことを受け、２００５年には、「少なく教え、もっと学ぶ（Teach Less, Learn More）」政策が打ち出されている。この政策の主旨は「量（試験の点数）から質（人生や仕事の準備をする）へ」を目指すもので、学校評価システムの変更と、多様な生徒の状況に合わせた道筋が作られた。

２００９年の新しい教育到達目標では、「自信のある個人、自律した学習者、活動的な貢献者、思いやりのある市民」という人間像が目指され、２０１４年には「21世紀型コンピテンシーと望まれる生徒の成果」のフレームワークで「全人的（Holistic）」なアプローチが強調された。

さらに「SkillsFuture」という生涯学習の枠組みも２０１５年に発表され、小学校5年生から将来の仕事を意識することを促すポータルサイトが用意されている。

競争を緩める

同時に、教育改革の２つ目の要素として、学業領域において学力試験そのものを削減したり、ストリーミング（振り分け）を緩めたりする動きも、断続的に実施されてきた。

たとえば、１９９２年に導入された、中学校とＪＣ（ジュニア・カレッジ）を試験の成績に基づいて序列化する「学校ランキング」制度は、２００４年により幅を持ったものに変更され、その後２０１２年には廃止された。

２００４年には、進学試験の数を削減するため、優秀な生徒を対象に、ＧＣＥ－Ｏレベルの試験を免除するＩＰ（Integrated Programme）と呼ばれる中高一貫校を導入。２００８年にはそれまで小学校４年次に実施されていたコース分けが廃止されている。

２０１０年代に入っても、政府にはストレス緩和が十分ではないとの認識があり、改革が続いている。

２０１９年からは、小学校低学年では試験を廃止し、通知表で相対評価の指標を掲載しないことなどを含む、学校内評価構造の改革が実行された。宿題の量も減らし、よりリラックスして子ども時代を楽しんでもらいたいとする趣旨を発表した。

２０２１年からは、ＰＳＬＥの採点を、１点単位から幅のある評価へと変更。ＰＳＬＥの点数は、中学校のクラス分けに反映されてきたが、２０２４年からは、これまで４科目の総合的な成績によるクラス分けだったのが、科目別のコース分けに変更される。２０１９年、当時のオン・イェクン教育大臣が、ＰＳＬＥのレベル別振り分けが過度な「ラベリング」につながり生徒のモチベーションを下げるとし、40年来の改革として発表したものだ。

これらの見直しは、いずれも政府により、「学ぶ喜びを育成し、学びを意味あるものにするため（中略）試験の結果の過度の強調を見直す」（Ministry of Education 2016）、「学術的な結果の過度の強調から離脱する努力をする」（Ong 2018）などと解説されており、学力競争緩和のための施策と位置づけられている。

親の受け止め

２０１３年にリー首相は、演説で「ＰＳＬＥの1点差で将来が決まるという親の考え方がストレスを引き起こしている」と発言している。教育省は保護者向けに、「年々、ＰＳＬＥは子どもの将来を決定するハイステーク試験だという見方が増している。このマインドセットが子どものストレスを生んでいる」と呼び掛け、その認識の転換の必要性を訴えている。

現地新聞の『The Straits Times』も、教育大臣が最も重要なステークホルダーとして「両親」を挙げ、「宿題が終わったかや結果を比べることよりも、我が子が何に目を輝かせるかに注目してほしい」と呼び掛けたこと、校長が「親のマインドセット」を変える必要性に言及したことなどを報道している（The Straits Times 2018.9.28, 2019.3.13）。

つまり、シンガポール政府の側には、「親の意識を変えなければならない」という強烈な問題意識があるのだが、親自身はどう考えているのだろうか。

２０１９年の改革発表時、すでにシンガポールにいた私は、新聞が40年来の改革というので、さぞ親たちの間で話題になっているだろうと、取材をしてみた。

ところが、親の中には「根本的にはそんなに変わらないと思う」と冷めた見方も多かった。それだけ不断の改革を続けているということでもあるのだが、そもそも「どの教育改革のこと？」と聞かれてしまうこともあった。どうして親の受け止め方がいまいちなのだろうか。

詳しく話を聞くと、私がインタビューした30名弱の親たちは、ほぼ全員が、政府の教育改革の方向性には賛成していた。

たとえば中華系でシンガポール国立大学（ＮＵＳ）卒の会社員、バイオレットさん（仮名）は、現在小学3年生の息子の母親だが、「今の自分の職場のことを考えても、勉強だけがすべてじゃない。新しい経済が出てきて、仕事を得るためにもっと違うことを学ばないといけなくなる」と話す。

時代は変わっているという認識だ。バイオレットさん自身は、「私の父親は『ＮＵＳみたいないい大学を出れば、いい仕事が得られる』と言って、私にＮＵＳに行けと勧めるので、そのとおりにしたけれど、父は間違っていたと思う。働きはじめたら、どこの大学を出たかなんて誰も気にしないし、これからはソーシャルスキルのほうが大事」と話し、政府が全人的教育を目指す方向性には賛成だ。

個別の施策を挙げて、賛同を示す人もいた。

パートタイムで講師をしている中華系のリリーさん（仮名）の長女は、ちょうど試験が廃止された2020年に小学1年生になった。「学びを確認するための小テストはあるけど、どのコースに行くかに影響しない。ストレスが減ってよいのでは。試験のための勉強をしなくてよくなっている」と評価する。

小学校1年生の娘を持つ中華系の母ケリーさん（仮名、前出）は、「今の子どもたちは、マイクを持ってプレゼンテーションをしたり、チームワークを鍛えるために学期中色分けをしたグループで共同の課題に取り組んで、最終的にいい成績を残したグループを表彰するような取り組みがあったり、30年前よりも授業内容は実用的になっていると思う」と、実際に学校で学ぶことの中身が、自分の子どもの頃とは変わっていると評価する。

振り分けシステムの改革についても、2021年のインタビューでは、「これまでは、たとえば算数が不得意だと、他の科目の成績がどんなによくても上のクラスには行けなかった。

2024年以降は、算数が苦手でも他の科目の成績がよければ、その科目は自分のレベルにあったクラスに行けるから、個々の強みを生かす観点でいいと思う」など、評価する声も出てきている。

しかし、このように「成績や試験がすべてではない」「ストレスは減ったほうがいい」と語る親たちの大半は、そう語りながらも、他方では、子どもたちの成績をキープする方策を打っている。教育改革に賛成はしながらも、行動変容にまではつながっていないのだ。

競争をやめられない

私が調査したうち、小学校低学年の母親20人中16人が、「中国語は家庭で話さないのでマスト。もっと複雑なことを今後するうえでもやっておく必要がある」などとして、子どもが就学前または小学1年生から中国語の塾に行かせ、英語や算数も、それぞれ7〜8家庭が低学年ですでに塾を利用していた。

なぜ「ゆとり教育」には賛成なのに、競争をやめられないのか。それは端的にいえば、政府の理念には賛成でも、実際の制度が変わるかどうかの不安と、その不安が共有化されている中で、他の親が競争を止めないという予想がつくために、自分だけ競争を降りてしまうことが怖いからだ。

たとえば、2020年から低学年で試験を減らす制度変更について、香港出身で夫がシンガポール人の専業主婦シンディさん（仮名）は次のように語る。

（小学校3年生までの試験はなくして宿題も減らすという政策について）「小学校4年生からのカリキュラムには変更がなくて、突然大きなジャンプをしないといけなくなったら？　そこで自分の子どもが現実に直面して、ものすごく勉強しないといけないというプレッシャーを受けるくらいなら、早めに始めて基盤を築いておいたほうがいいと思う」

4年生でジャンプがあるのではないかといった情報はどこから？　という質問に対しては、「クラスメートの母親たちが言っている。結局、4年生の2年後にはPSLEがあって、いい中学に行くのに学業成績が一番大事なことは変わりないと思う」と答える。

シンディさんは、「学校は低学年の試験や宿題を減らしていてリラックスしすぎている。学校の宿題は30分くらいで終わってしまうから」と、小学1年生から息子を算数（そろばん）、中国語、英語の塾に通わせる。

むしろ、政府による低学年での期末試験廃止などの「ゆとり教育」の政策が、学校外教育の利用をいっそう駆り立てている側面もあるといえそうだ。

教育省は小学３年生を「移行学年」の１つに設定し、科目数の増加や内容の高度化に慣れるための十分な時間と余裕を与えるとしている。政府は生涯学習のプログラムなどを紹介し、「（早期の）成績がすべてではない」との啓蒙もしている（The Straits Times 2019.3.13）。

前出の昭和女子大学のシム准教授は、前掲書『シンガポールの教育とメリトクラシーに関する比較社会学的研究――選抜度の低い学校が果たす教育的・社会的機能と役割』（２００９年）などで、シンガポールの教育システムについて、ＩＴＥ（技術教育校）に不本意入学した層も、うまく生徒の自信回復をもたらせるように教師を配置したり、実用性の高いスキル習得をさせるなどの授業の工夫をしたりすることで、入学後に学習意欲が急上昇していると指摘する。

実際に、能力別に振り分けられた後も、成績優秀であれば１ランク上のコースや教育機関に進学できる「敗者復活トンネル」も組み込まれている。

しかし、ミドルクラス（比較的裕福で自分自身が大学卒などの高学歴）の保護者たちは、政府の発信よりも、他の保護者からの情報を基に、自己防衛として塾や習い事に投資している。親たちの間には、相対的な地位を上げたいという意識と、落ちこぼれることへの懸念が根強いためだ。

親の意識を変える難しさ

オーストラリアの大学を出て、専業主婦を経て現在はパートで仕事をしている中華系のメイさん（仮名）には、小学3年生と年長の娘がおり、「私は、しつけの面では結構なタイガー・マザーだけど、勉強にはそんなにうるさくない」と自負する。

タイガー・マザーというのは、中華系の怖い教育ママというような表現で、ハーバード大学ロースクール卒でイエール大学の法学部教授であるエイミー・チュアが書いた著書『Battle Hymn of the Tiger Mother』（２０１１年、邦訳『タイガー・マザー』同年）で描かれる、娘から好かれなくても徹底して教育を叩き込む母親のイメージである。

メイさんは、しつけについてはそこそこ厳しいが、勉強に関してはそうでもないというわけだ。それでも「成績面では娘にはラスト5人には入らないでほしい。後ろから6番目ならいい。少なくとも、自分より下に誰かいるということが分かるならいい」と話す。

国による親の教育スタイルの違いについて、テストで90点を取った子どもに対し、西欧の親は90点を褒めるが、アジアの親は失った10点を責める——といった説明がされることがある。

たとえば、マヤ・シャガラジャン『Beyond the Tiger Mom（タイガーママを超えて）』（２０１６年、未邦訳）では、テストで悪い点数を取ると、アジアの子どもは罰せられて遊びに行ってはいけないと言われるのに、西欧の子どもは慰めるために逆にお菓子をもらえる、という対比を描く。

たしかにシンガポールには、子どもにパーフェクトスコアや常にトップであることを求める親たちもいるだろう。他方で、家庭によって温度差はあり、むしろ自分自身が大卒ではないが、生活に十分な仕事に就いているという認識があって、子どもの教育についてもリラックスした姿勢の家庭や、教育関係者で学校のやっていることを全面的に信頼しており、学校外教育はいっさい不要と考えている親もいる。

しかし、大半の親は、この中間だ。つまり、必ずしも子どもがトップであり続けることや満点を取ることを目指しているわけではないが、少なくとも落ちこぼれないでほしいとは思っている。少し背伸びをして、その子なりのベストを尽くしてほしいとは思っている。そしてこうした親の思いが、競争を形作っていくのだ——。

教育関係者の中には、政府の政策について、「教育システムとしてストレスを減らそうとしているけど、変化は遅い。理由としては、先生たちが、新しい授業方法などを導入した場合、自分が担当している生徒のＰＳＬＥの点数が低くなったら、親がどう見るか、怖がっている。親のマインドセットが変わる必要がある」と話す人もいる。親自身も、「他の親がマインドセットを変えないと」と言うこともある。

シンガポールのネオリベメリトクラシー

シンガポール政府は、前述のとおり、国の根幹に、業績によって報酬が決まるメリトクラシーを掲げてきた。

シンガポール政府による、一連の「従来型学力」偏重是正政策については、「従来型学力」と「新しい能力」のいずれをも重視する価値観のダブルバインドがあること（Bach and Christensen 2017）が指摘されている。

たとえば、シンガポールには、10歳で国内上位１％を選抜して、選ばれた子どもだけが特別な教育プログラムを受けられる「ＧＥＰ（Gifted Education Programme）」というプログラムがある。

ローカル校の生徒からは、「ＧＥＰに行っている子よりも普通の学校の子のほうが、ＰＳＬＥの点数が高い場合もあり、優秀な子をあえて行かせない場合もある」という意見も聞いたことがあるが、他方で、ＧＥＰに通った子どもの親は、ＳＮＳでその写真を誇らしげに掲げる。政府には推奨されていないものの、ＧＥＰに選抜されるために対策をするケースも少なくないという。

２０２１年のＰＳＬＥの点数計算方法の変更についても、実際に初年度が終わった段階で親たちの評判を聞くと、「（たとえば90点以上がレンジの1、80～89点がレンジの2と評価される際に）どうあがいても上のレンジに入れないという親子にとっては気が楽みたい。でも、1点足りなかっただけで上のレンジに入れなかった人が、9点下の人と同じ評価を受けるのは公平と言える？　どっちがよかったのか分からない。結局1点差を争うことになるのでは」（前出のシンディさん〔仮名〕）という見方もあった。

政府の方針自体に両義性や矛盾があることもあれば、政府の理念がよくても現場の教師の実態や親の認識が揃わないという現象は、どこの国でも起こる、あるいは起こり得る。

日本でも、公教育改革が富裕層の私立への逃避を招いた事例などがある（Kariya &

Rosenbaum 1999)。

「ゆとり教育」＝公教育の削減は、大内裕和『教育・権力・社会――ゆとり教育から入試改革問題まで』（２０２０年）などによって、裕福な層の塾通い（商品化）と私立学校の地位上昇（私事化）に拍車をかけたとして批判されている。

シンガポールの小学校は、一部の宗教学校を除き、ほとんどが公立学校だが、学区がないために、名門校に入れようとする親の教育熱は過熱し、塾通いを招いた点では、日本と軌を一にしている。

シンガポールはすべてが公立学校で、「すべての学校がよい学校」と喧伝したり、多様なカリキュラムを導入しようとしたりの工夫をしているが、それでもなお、家庭が学校を選ぶ際に、ブランドスクールに行かせたい、よりよい学校に行かせたいといった動機から、競争が生まれる。

自助を前提とした制度

ドイツやイタリア出身の経済学者らがまとめた『Love, Money & Parenting』（マティアス・ドゥプケ他、２０１９年、邦訳は『子育ての経済学――愛情・お金・育児スタイル』２

０２０年）は、子どもの将来が教育の成功によってどれくらい決定してしまうかによって――つまり学歴による収入の格差が大きい国や時代ほど、親が教育に熱心になることを、歴史的な比較や国際比較のデータと著者らの個人的エピソードによって示している。

１９７０年代は、学歴や学校間の差が大して将来の成功に影響しない西欧諸国では、子育てのスタイルはより寛大で、子どもの選択を尊重する傾向が強かった（前掲書の邦訳では「迎合型」と呼ぶ）。

しかし、１９８０年代以降の新自由主義や大学全入時代を背景に、教育の程度や学校による不平等が拡大し「教育の見返りが大きく」なると、親たちはより熱心に干渉しはじめる（「徹底的」子育て）。

日本でも、『「生存競争《サバイバル》」教育への反抗』（神代健彦、２０２０年）は、歴史や社会が親にそのような選択を強《し》いていることを指摘し、セーフティネットの充実や再分配政策により、教育の失敗をしても大丈夫という安心感を醸成することが必要だと述べている。

その点でいえば、シンガポールは、メリトクラシー型の社会だということもあるが、加えて社会福祉嫌いで、自助前提の社会であるということも大きそうだ。

シンガポールの社会保障制度の中心は、中央積立基金（ＣＰＦ）という強制貯蓄型の個人口座である。国民年金制度や国民健康保険制度、失業保険制度などが不在で、基本的に国民の自助を前提としている。

低所得者に対する最低限の公的扶助（Public Assistance System）の適用も、人口の０・１％にとどまり、日本の生活保護率と比べても低いことが指摘されている（上村泰裕『福祉のアジア――国際比較から政策構想へ』２０１５年）。

人的資本を国の最大の資源と位置づけ、教育と職業訓練への支援はするものの、社会保障は雇用と市場に依存するワークフェア政策を採っている。このような在り方が変わらない限り、親の意識も変わらないかもしれない。

教育移住先としてのシンガポール

子育てのしやすい国？——シンガポールで働く理由

シンガポールで働くインド系や西欧系などの「外国人」の高度人材は、日本人のように「転勤」で命じられて数年間仕事をしにくる駐在員とは異なり、「世界の中でこの場所で働きたいから」と、まず場所を選んだうえで、現地採用の公募に応募してその国にやってくるケースが多い。

コロナ禍では、就労ビザの要件が厳しくなったり、人の移動は以前ほど見られなくなったとはいえ、シンガポールにいた5年間で、非常に多様な国籍の人と知り合った。

見た目では全く判断もできないし、長く住んでいた国が「出身国」とも限らないし、そもそも特段「どこどこから来たばかり」だったり、「長期休暇に帰省する」という話が出ない限り、特に国籍についての質問をすることもなくなった。

そのようなシンガポールで、世界中で住む場所を選べるようなグローバルエリートに、「なぜシンガポールで働くことにしたか」と尋ねると、かなりの確率で「教育のため」「子どもを育てる環境がいいから」との答えが返ってくる。

実際、シンガポールに5年、とりわけ子どもが小さい頃に住んで感じたのは、東京に比べて非常に子育てがしやすいということだった。

東京の街中をベビーカーを押して歩いていると、舌打ちをされたり、公共交通機関で子どもを連れていると迷惑顔をされたりすることは日常茶飯事だったが、シンガポールでは子連れが肩身の狭い思いをすることはほとんどない。

このことをネット上に書いたところ、東京で子育てをしている父親だという人物から、「そんな目に遭ったことはない」とのレスがきた。こちらに非がないと思われるような場面でも、こういった目によく遭うのはたいてい母親であり、父親には実感がないかもしれない。舌打ちをしている側が「母親」に対してばかりしている可能性があるからだ。

シンガポールでは、電車に乗れば、幼い子ども連れには競うように何人もが席を譲ってくれることもたびたびあった。バリアフリーではない場所があっても、困っている人がいれば、かなりの確率で、一斉に何人も手を差し伸べる人たちがいる。

街中での子連れへの優しい視線に加え、共働きが前提の社会であるがゆえのサービスの多様さにも助けられる。保育園から幼稚園、学童と、それぞれのステージごとに様々なサービスを選ぶことができ、また、親の負担になりがちな子どもの送迎では、追加料金はかかるものの、スクールバスを利用するというオプションを選べることも多い。

アジア諸国の都市部では、交通渋滞が深刻だが、その対策としてシンガポールでは、車の所有に高額な費用がかかるようにしている。一方で、公共交通機関を張りめぐらせ、タクシーの値段を安くして使いやすくしている。Ｇｒａｂなどの配車サービスもさかんで、子どもを連れての移動にほとんどストレスがない。

母子留学も――よい教育環境を追い求めて

こうした子育てのしやすさのほかに、治安がいい、メイドさんを雇うことができる、アジア人にとって暮らしやすい、そもそも税金対策として有利……などを挙げる人もいるが、これに加え、本書のテーマにもあたる「教育」の内容についても評価が高い。

１つは、欧米系の人たちが通わせているインターナショナルスクールだ。駐在組や新規移住組が子どもを通わせるのも、こちらが多い（日本人の駐在家族は日本人学校に通わせる事例も多い）。シンガポールの中高一貫校で、ＡＣＳ、ホアチャン、セイントジョーンズの３校は、ローカルインターといって、シンガポール人も半分入ることができる。ここも、アジア型のインターということで教育移住組からは人気だ。ただし、一般的にはインター校に行くとシンガポール人はいない。

シンガポールで生まれ育った日本人や欧米系の子息でインター育ちの人の中には、「アメリカの大学に行った先で、はじめてシンガポール人の友達ができた」という事例があるほど、コミュニティは分かれている。

もう１つが、地元のローカル校。国際学力比較の指標としてよく報道される学力調査ＰＩＳＡやＴＩＭＳＳなどで好成績を残しているのは、こちらのほうだ。ローカル校は、基本は中国語、マレー語、タミル語などの母語を履修するというハードルがあるほか、自国民が優先的に入ることができ、外国人にとってはそれなりの費用もかかる。

しかし、世界三大投資家の一人、ジム・ロジャーズ氏が子どもをローカル校に通わせているといった著名人の事例もあり、永住権取得者などを中心に人気がある。

こうした環境を追い求めて、中国や韓国からは、父親を置いて、母と子だけでシンガポールにやってくる「母子留学」の事例もある。

韓国人の母子留学については、小林和美『早期留学の社会学——国境を越える韓国の子どもたち』（２０１７年）に詳しいが、一時ブームになって社会問題化した。現在では、父親も一緒の移住を選ぶケースや、母親の赴任の際に子どもたちを連れてくるケースもあるようだが、私もシンガポールでやはり、教育熱心な韓国人の母親に出会うことは多かった。

日本人の間でも近年、生活費や教育費が割高でも、シンガポールでの母子留学を選ぶ人もいる。

シンガポールでインター校の紹介を手がけているカルチャーコネクションの岡部優子社長は、2021年時点で「コロナ禍では、シンガポールへの母子留学や、父親もこちらで雇用ビザを取得しての移住について問い合わせが増えました。欧米への留学や移住を考えていたけれど、コロナで対面通学ができないまま1年が経ってしまったので、行き先をシンガポールに変えたというケースもあります」と話していた。

第Ⅱ章

もう1つの教育競争
——グレード化する習い事

学校帰りにバスに乗り込むシンガポールの子どもたち

教育に実用性を求めてきたシンガポール

シンガポールの教育でもう1つの課題とされるのが、「創造性」だ。

NUS（シンガポール国立大学）卒や欧米への留学経験を持つエリートは、「シンガポール人は点数を取るのは得意だけれど、決められたことしかできない」「リスクを取ってイノベーションを起こすような人物が育たない」とやや自虐的に語る。

このような内容は、ある意味で定型化した語りであって、日本で受験エリートについて言われてきたこととも重複するように見える。

ただし私が、東京大学とNUSの両方を知っている大学教員2人に、このようなシンガポール人自身の見解をぶつけたところ、「主観的な感想にすぎないが、自由な発想の学生がいるかどうかという観点では、NUSより東大のほうが多様で面白い印象を受けた」と一致していた。

日本からシンガポールの大学に来たある日本人留学生は、同級生に「週末何してるの？」と聞いたところ、「勉強以外に何があるの」と返されたという。日本の大学生が他国に比べて勉強していないという点はあるだろうが、シンガポールの教育システムは、試験などのゴールを設定し、そこに向かって合理的に進むような枠組みになっているともいえる。

私が子どもを持つ30～40代の母親に実施したインタビューでも、シンガポールでは高学歴の母親たち自身が、学部を選ぶ際や就職する際に「プラクティカルな（実用的な）理由で」選んだと答えるケースが過半数だった。

つまり、その分野に興味関心があったとか、将来こういうことがしたいといった「やりたいこと志向」よりも、いい大学といわれる大学だから、よい収入を得られる仕事につながる専攻や職業だから、自分が不得意な領域を外したらこうなった——というような判断基準がよく出てくる。

学校の教師を目指す学生は志高くという場合も多いとＮＵＳの大学教員に聞いたことがあるが、一方で、幼稚園の園長をしているインド系シンガポール人の女性が「本当はビジネスを学びたかったけれど成績がよくなくて仕方なく幼児教育に進んだ」と淡々と述べるというケースにも出会った。

彼女は教育で修士号も取得したが、「別にそこに熱意があったわけじゃなくて、お金を稼ぐ必要がある中で、どんどん政府が学歴ハードルを上げるから、やらざるを得なかっただけ」と語っていた。

日本では「やりたいこと」を問われることが多く、それ自体はたとえば、まだ将来の夢が明確ではない高校生などにとっては時にプレッシャーにもなり、必ずしもよいこととは限らない。

しかし、シンガポールはシンガポールで、時にあまりにもドライな判断基準に驚かされる。話がそれるが、あるシンガポール人男性と結婚した日本人女性は、結婚指輪を選びに行って、自分の好きなデザインを選ぼうとしたところ、夫が「流行のものは、将来売れないからだめ」と口を挟んで唖然《あぜん》としたという。

他にも、職に限らず、物件や芸術作品などの購入においても、シンガポールでは「投資価値があるかどうか」が基準になるという話はよく聞く。

そもそもシンガポールは、国家として生き残るために、経済成長を優先させるプラグマティズム（実用主義、実践主義）を意識的に採ってきた。合理的、プラクティカル、プラグマティック。

そんなシンガポールが今、直面しているのが、「変化が激しいグローバル競争の中で、イノベーションを起こせるような創造的な人材がますます必要になる」という想定に基づいた危機感だ。

学力以外をめぐる競争

日本では、幼児への投資が社会的に効率がよいということを主張した、ジェームズ・Ｊ・ヘックマンの『幼児教育の経済学』（２０１５年）が大きな話題になった。

　この議論がアメリカの貧困層の底上げのためのものであったことがどの程度理解されているかはさておき、意欲や長期的計画を実行する能力、他人との協働に必要な社会的・感情的制御などを指す〝非認知能力〟という単語は、意識が高い親たちに一気に広まった。

　このほかにも、21世紀型コンピテンシー、ＧＲＩＴ（アンジェラ・ダックワース『やり抜く力ＧＲＩＴ（グリット）——人生のあらゆる成功を決める「究極の能力」を身につける』２０１６年）、ホール・チャイルド・アプローチ（竹村詠美『新・エリート教育——混沌を生き抜くためにつかみたい力とは？』２０２０年など）、全人的な教育。探求型、アクティブラーニング。ＡＩ時代の教育。問題解決力。ＳＴＥＡＭ……本棚には新しいワーディングが並び、教育熱心な親たちの関心も尽きない。

　様々なキーワードで、〝新しい能力〟が議論される。こうした海外から輸入した概念や手法をもてはやす議論は、日本の教育論議において、ある意味でテンプレート化し繰り返されている面もある（これを「再帰性」として指摘しているのが『暴走する能力主義——教育と現代社会の病理』〔中村高康、２０１８年〕などだ）。

ＡＩによって仕事がなくなっていく、コロナで先行きが見通しづらい時代……など、ある意味で常に〝新しい時代〟が語られる中で、親たちは不安を煽《あお》られ続けている。

日本だけではない。世界的に、教育をめぐる親の競争は過熱しているように見える。しかも、その内容は、単にペーパー試験の点数を上げるというような〝東アジア型受験戦争〟ではなく、スポーツ推薦や生徒会活動やボランティアなど、〝主体的〟な活動をめぐる評価にまで入り込み、より全人格的なものになってきている。

ここで重要なのは、従来型学力から新しい能力への転換が起こっているというよりは、従来型学力に加えて新しい能力が求められているということだ。

そして、そうした全人格的に評価される子どもを育てるには、従来型学力オンリーだった時代よりも、さらに親要因が効いて、ますます階層の再生産を生む懸念がある。

「学力以外」を評価するシンガポールの改革

「新しい能力」議論は、ＯＥＣＤ（経済協力開発機構）が１９９０年代後半から２０００年代初頭に実施したプロジェクト「ＤｅＳｅＣｏ（Definition and Selection of Competencies

＝コンピテンシーの定義と選択）」で「キー・コンピテンシー」を設定したことなどを受けて、世界の先進国に広まっている（松尾知明『21世紀型スキルとは何か――コンピテンシーに基づく教育改革の国際比較』２０１５年など）。コンピテンシーとは、ハイパフォーマーに共通して見られる行動特性のことだ。とりわけ東アジアでは、受験戦争からの脱却への問題意識も加わり、教育改革が実施されてきた。

シンガポール政府も、第Ⅰ章で述べたとおり、試験や学力偏重、それによる親子ストレスについて問題意識を持ち、非学業領域の活動に着目する制度変更も行ってきた。

１９９７年の「考える学校、学ぶ国民」政策では、「知識基盤経済に備えるため」とし、試験のための勉強から、革新力、創造力などを重視する姿勢を示した（Goh 1997）。

１９９９年に、それまでＥＣＡ（Extra Curricular Activities）と呼ばれていた放課後のスポーツや音楽などの活動について、「追加的なものや選択的なものではなく全人的発達に不可欠なもの」として、ＣＣＡ（Co-Curricular Activities）と名称変更。

スポーツや芸術などに取り組む機会も増やし、プログラムを強化している。中学校でのＣＣＡへの参加は、次の教育機関へ進む際の加点となることが、教育省のサイトにも明記されている。

２００４年にはスポーツスクール、２００８年にはアーツスクールを開校し、中等教育以降の選択肢が広がった。

ただし、この動きをめぐっては、結局のところ入学資格が学力だったことに批判が集まったり、入学後に親が子どもの学力が低下したとして転校させる騒動が起こったりしており、スポーツや芸術を評価するとはいえ、学校側も親側も学力を無視できない実態が浮かび上がったという帰結は、いかにもシンガポールらしい。

２００５年から実施された「少なく教え、もっと学ぶ」イニシアティブの中では、カリキュラムの軽減と点数至上主義からの脱却をはかり、中等教育の入学段階でスポーツや芸術、リーダーシップなどに秀でた学生を選抜するＤＳＡ（Direct School Admission）が導入された。

現地新聞によれば、２０２１年には４万人弱の小学６年生のうち、４人に１人がＤＳＡを申請したが、ＤＳＡによる合格者は３６００人と１割以下にとどまった。また、ＤＳＡを利用する場合、合格最低点の基準が下がる（たとえばＰＳＬＥだけで合格する場合に２５０点取ることが必要な学校において、２００点でも合格できるなど）とはいえ、依然としてＰＳＬＥを受ける必要がある（Tan 2017）。

そのため現在も、ＰＳＬＥが初等教育と中等教育を接続する重要な試験である。これについても、結局、学力とそれ以外の能力を伸ばすことの両にらみの競争が起こっていることは後述する。

「学力以外の領域」については、日本でも、新たな競争を巻き起こしていると指摘されている。全人格的な競争について、東京大学大学院教育学研究科の本田由紀教授は、「ハイパー・メリトクラシー」として、『多元化する「能力」と日本社会――ハイパー・メリトクラシー化のなかで』（２００５年）などの著書などで警鐘を鳴らしてきた。

この議論に対しては、学力とは別に人間の全体的な能力を評価するようになったわけではなく、もともと学力は訓練可能性の指標として機能していたという批判（松下佳代編著『〈新しい能力〉は教育を変えるか――学力・リテラシー・コンピテンシー』２０１０年）もあるが、一般的に「新しい能力」は測りづらいという特性がある。

その曖昧《あいまい》さゆえの扱いにくさが、漠然とした競争につながるというのが本田由紀教授の「ハイパー・メリトクラシー」なのだが、その中でも分かりやすく「測れるものに落とし込む」という方向に向かっているのが、シンガポールかもしれない。

習い事でも競争が激化

シンガポールの親たちと話していると、〝非認知能力〟や、本田由紀教授が〝ポスト近代型能力〟の1つとする〝コミュニケーション能力（コミュ力）〟のようなキーワードはあまり出てこない。その代わり、よく聞くのは「Well-rounded」だ。

「Social Skill（ソーシャルスキル）」「Holistic（全人的）」などもたまに出てきはするものの、「Well-rounded」で表現されるのは、イメージとしては、「文武両道」とでもいうのか、従来型学力に加えて、スポーツや音楽などの芸術科目も得意な子ども像を理想としているように聞こえる。

たとえば、中華系会社員のバイオレットさん（仮名、前出）は、息子がＧＥＰ（54頁参照）に選ばれるほど優秀だが、「成績だけではなく、Well-rounded になってほしい。実際の社会でチームとして働くうえでは、社会にどう貢献できるかを学ぶ必要があり、他の子たちと社会的な関係を築く中で、そのようなスキルセットが磨かれると思う」と話す。

バイオレットさんは、息子には他の子どもたちと公園で遊ぶといったこともしてほしいと願っているが、実際には「学童は祖父母などが預かることができない子がいるところだし、ただ預かってくれるだけだから、せっかく時間があるなら建設的なことをしてほしい」と、息子が好む語学のほか、合気道やバイオリン、英語、算数、暗算などの教室に通わせている。

中華系シンガポール人のキャサリンさん（仮名）のケースは、特に印象的だった。取材を申し込むときには、取材相手が指定する場所に出向くようにしているが、キャサリンさんの場合は、東海岸の一軒家の自宅に招き入れてくれた。

リビングに促され、淹《い》れたてのコーヒーとナッツが出される間、目に飛び込んできたのは、数々のトロフィーだった。個人の特定を避けるため具体的な記述は避けるが、キャサリンさんの息子はある競技の国代表で、新型コロナウイルス流行前だった取材時は、たびたび海外の大会に出場するほどの実力の持ち主だった。

キャサリンさんは自分を「典型的なシンガポーリアン」と呼び、息子を妊娠したと同時に、評判のいい小学校の近くに家を買った。勉強はもちろんのこと、複数のスポーツをやらせて、自分でも「私、怖いでしょ？」と言うほど、子どもたちを「プッシュする」と自称する。

彼女に言わせると、「習い事は、Well-rounded 教育みたいなもの。テコンドーは私が大好きで、水泳もいずれ兵役のときに身体的タフさも必要だから。他のスポーツは、本人が情熱を覚えられるもので、やるなら１番になってほしいから、私はそのサポートをする」。

ここでキャサリンさんの言う「１番」は、クラスや学校での「１番」ではなく、国代表レベルの1番だ。「Well-rounded」という言葉でほどほどの文武両道が目指されているわけではなく、どの領域においても、ライバルより秀でることを目指している。

もちろん、キャサリンさんのケースは極端だ。これをする金銭的余裕がなければ難しいし、金銭的余裕があったとしても、シンガポール人がすべてこのようにしているわけではない。しかし、子どもをいくつもの習い事に熱心に向かわせている点は、多くの親で共通している。

私がインタビューした事例でも、小学校の低学年から、水泳やピアノを中心に複数の習い事と塾を掛け持ちするケースが非常に多い。しかも、単に趣味の延長やたしなむ程度ではなく、習い事にも評価や資格がつきまとうのがシンガポール流だ。

グレード化する習い事

シンガポールの親たちと習い事について話しているうちに、私は、「Grade（級）」や「Certificate（資格／証明）」という言葉がたびたび出てくることに気が付いた。

「水泳は身体を動かすことをしてほしかったから。一種のサバイバルスキルだし、資格を取ればライフセーバーにもなれる。ピアノはある程度の音楽的素養があるといいと思う。グレードがちゃんとあるので、やるように背中を押している」

「お絵描きは息子の選択だけど、ピアノは私が弾けて、学校の勉強とは違った分野の学びということで、やってみたらと勧めた。今、グレード3で、グレード8まで行くと指導者の資格も取れて先生になれるので、たまに文句は言われるけど、プッシュしてやらせている。学業成績が問題ないうちは、リミットを設ける必要はないと思う」

プロのピアニストやスポーツ選手を目指しているわけではなくとも、ある程度のレベルまで達することで仕事につながるという見通しが語られるのを、興味深く聞いていたが、その後、グレードや資格は仕事のためだけではないことが分かった。

政府や学校が公式に発表しているものは確認できなかったのだが、親たちの間には、音楽やスポーツでグレードを取ったり、多くの大会で優秀な成績を収めると、中学校出願時に有利になるという認識が広がっていることも分かってきた。

「基本はＰＳＬＥの成績で決まるけど、あと1点の差で入れたのに、というときに、スポーツなどをやっておくとそれが点数になる」「履歴書に書ければ、同じ点数の子が複数いたときに選ばれるかもしれないから」ということが親の間のうわさ話として語られている。

中等教育の入学段階で、スポーツや芸術、リーダーシップなどに秀でた学生を選抜するＤＳＡ（72頁）についても、「ＤＳＡで特定の学校に落ちたら、どこにも行くところがない」と考えて避ける親もいたものの、「教育改革によるＰＳＬＥの採点方式の変更で、名門校に確実に入れるかが分かりにくくなった今、ＤＳＡを受けることで可能性を増やせる」と考え、準備をするケースもある。

「友人は子どもが４歳の頃から毎日卓球のコーチをつけた」「ポートフォリオと呼ばれる出願書類の書き方を指南するエージェントがあり、ボランティア経験やコーディング（プログラミング言語を使ってソースコードを作成する）の教室に参加した証明書を集めて履歴書をよりよく見せる」「あえてマイナーなスポーツをやらせる親もいる」などの教育戦略を、見聞きしたことがあるとの発言もあった。

しかし、前述したように、ＡＯ入試のような制度であるＤＳＡを利用する場合にも、ＰＳＬＥは受験する必要があり、自分の子がＤＳＡで合格するかは、結果が出るまで不透明であることから、大半の親は、先に述べたように、ＤＳＡの利用を検討する場合も、ＰＳＬＥ対策と両にらみの戦略を立てている。

小さい頃から資格を集め、大人のLinkedInも顔負けの「ポートフォリオ」を作る親子もいる。アプリケーションフォームは字数が限られているために、そこにＵＲＬを張り付けるためのウェブサイトを作成するエージェントまで登場しているという。

一方で、あるマレー系シンガポール人の夫婦は、夫が元サッカー選手で、自分の子どももサッカー推薦での受験を考えたが、家から学校への距離が遠かったことなどから、結局、ＤＳＡの利用を断念している。

本章のコラムで後述する米大学入試の不正事件を鑑みれば、米国の大学のスポーツ推薦でも同じことが起こっているといえそうだが、結局、入試の多様化は、学校に合わせて引っ越しできる層や、お金をかけられる層に有利になっている側面がある。

放課後のスポーツや文化的活動も、点数稼ぎのため

このような状況について、ソーシャルワーカーの60代男性エリオットさん（仮名）は、「ぼくたちが子どもの頃は、夕方、近所の子どもたちや親戚同士、色々な学年の子どもたちが遊んでいて、サッカーもさかんだった」と寂しそうな顔を見せる。

彼は、ふと私に「サッカーの代表戦を見たことあるか？」と聞いた。新型コロナが流行する前に一度、スタジアムにシンガポール代表の試合を見に行ったことがあるので、「ありま

す」と答えた。
スタジアムで、私は、シンガポールでこれまで見たこともない割合のマレー系の観客に驚いた。普段、街中を飛び交っているのは、英語と中国語が多いが、皆、マレー語で応援している。選手もほとんどがマレー系だからだ。

自分自身も中華系のエリオットさんは、「代表戦を見たら分かると思うが、中華系の子どもたちはサッカーはしない。勉強に忙しくて時間がないから。それで、すごく小さいセグメントの人しかサッカーをしないから、試合に勝てない」と失望したように続けた。

そう言うエリオットさんの子どもたちや、ソーシャルワーカーとして見ている相対的に貧困な層の子どもたちも、外では遊ばないという。

エリオットさんは、放課後のスポーツや音楽などの活動であるＣＣＡ（Co-Curricular Activities、71頁）について触れ、「ＣＣＡだのなんだので、学校にいる時間が長くなっている」からだという。

「ＣＣＡで好きなスポーツができればいいのでは？　サッカーもあるのでは？」と聞くと、エリオットさんは、「ぼくらの時代は楽しくてやっていたけど、今はどうかな。ポイント稼ぎで、学校のシステムがあれやれこれやれと言ってくるからやってるだけなんじゃないか。

すべてが手段化していて、合理的すぎる」と大きなため息をついた。

政府は改善しようとしているのでは、と尋ねると、「文化とはそういうものじゃない、政府は何かを取り上げて、まずかったからとまた構築しようとしても、そんなに簡単にはいかない」。

実際にはシンガポールでも、子どもが自分の好きな部活動を選ぶような形でCCAに取り組んでいる事例もあるだろう。私が自分の子どもを行かせていた近所の「ゆるい」ローカル幼稚園のシンガポール人親たちは、コロナ流行前までは、卒園してからも定期的に外遊びの約束をして、16時頃から18時すぎまでよく遊んでいた。

しかし、エリオットさんの言うとおり、放課後の活動が手段化している層がいるのも事実だ。そして、本来評価しづらい教育活動が、グレード化されるようになり、本質的に何のために何をさせたいのかはさておき、可視化されやすいところに親たちは注力しようとする。

可視化できる点数、資格、グレードで差をつけるための競争

塾・習い事産業も、このような状況を反映し、細かなレベル分けをして、「資格」を出している。

たとえば、小学3年生から参加することができる、あるロボティクスの教室に、私の息子が行ってみると、子どもたちが作りたいものを自由に試行錯誤していく——ようなプロセスはほぼなかった。

マニュアルに従って、レベル1を、まず教わったとおりにこなせたら、その練習をして、レベル2に進む。レベル2も終えると、試験があり、それを通れば、1つ資格がもらえる。その資格レベルがある程度まで上がれば、今度は大会に出場ができる——というふうに、子どもたちが進む道が敷きならされている。

シンガポールにおいては、日本で東京大学大学院の本田由紀教授（本田 2005、73頁）が指摘したような、人格などの深部に入り込むような評価と競争というよりは、点数化できる実績づくりを目指した局所的な競争がもたらされているように見える。

本来、子どもの様々な能力や素質に着目することを目指すための政策であっても、選抜に埋め込まれれば、周囲と同等の資格や級があっても差異化ができないため、必然的に相対的な競争となる。

「従来型学力」以外の側面でも、相対的評価をされるには、実力の証明が必要との親の解釈に加え、習い事などの学校外教育の事業者による商業的な宣伝もあり、可視化できる指標を獲得するための新たな競争が発生する。子どもの雇用可能性を高めることは親の責任として認識されており、ここでもやはり、周囲の親が準拠集団（価値観や行動に強い影響を与える集団）となって、政府が直接言及している以上の解釈を生み、「選抜に有利」という憶測が過剰な競争を生み出している。

多忙な子どもたちの生活

「これからはペーパーテストだけでなく、学力以外の能力も必要」という言説が広がれば広がるほど、子どもたちの生活は窮屈になっていっているようにも見える。果たして、もともと目指されていた創造性などは身についているのだろうか。

　家庭による格差が広がる懸念もある。前出の本田由紀教授は、〝近代型（従来型）能力〟は、むしろ時間をかけて勉強をすれば多くの人が習得することが可能であったのに対して、〝ポスト近代型（新しい）能力〟はどうすれば手に入れられるのかが曖昧で、それゆえにより労力を要し、家庭環境が重要になってしまうと指摘する。

　おそらく日本の親にも、「習い事も、探究学習も、ＳＴＥＡＭも、英語も、自然体験も、普通の勉強も……」と、あれもこれもさせたい親心はあり、他人事ではないのではないだろうか。子どもによっては、親の顔色をうかがって「やりたい」というケース、友達がやっているから自分もとやりたがるケース、そして「一度始めたことは継続しようね」となった結果、追われてしまうケースもあるだろう。

私は2017年にシンガポールに行き、新型コロナウイルス流行前の2018年秋から継続的に、子育て中の親たちにインタビューをしてきたが、シンガポールの母親インタビューでまず苦労したのは、対象者の確保でも英語でもなく、「母親に時間を捻出してもらうこと」だった。

専業主婦の場合、いちばん時間を取ってもらいやすいのが、朝、子どもを学校に送り出した後だ。子どもは給食がなく、13時半頃下校してから昼食を取るので、その用意などを始めるまでの数時間。

そして、共働きの場合は、昼休みにオフィスの近くまで行き、昼食を取りながら話を聞くのが確実だ。それ以外では、平日の午後や週末、子どもを習い事に送っていった後、迎えに行くまでの間に話を聞くこともあった。

とにかくシンガポールの母親は忙しいのだ。そしてそれは、裏返せば、子どもが忙しいということでもある。

親も分刻みのスケジュール

いったい何にそんなに忙しいのだろうか。子どもたちのスケジュールを母親たちに書いてもらった。

資料2は、前にも登場した共働き家庭のケリーさん（仮名）の小学1年生の娘の1週間のスケジュールだ。平日は学校の後、18時まで学童（Student Care）に行き、その後、木・金にPhonics（英語）、ピアノが入っている。

土曜日は午前中に算数と水泳、午後にテニス、日曜日は午前中の3時間が中国語で、午後はコーディングと、5種類の習い事で埋まる。

資料3は専業主婦であるシンディさん（仮名、前出）の当時小学2年生の息子のスケジュールだ。学校から帰宅後に自宅で昼食を取り、その後、月：水泳、火：ピアノ、水：英語、木：中国語、金：そろばんが入っている。習い事によって始まる時間が異なるので、その合間に宿題をする。

シンディさんには年長の次男もいて、弟もほぼ同様のスケジュールの詰まり具合だが、兄と一緒に受けるものもあれば、時間帯がずれているものもある。母親は車で送迎をするのだが、兄弟それぞれの時間に合わせて文字どおり分刻みの行動をしている。

シンディさんは、「うちの子にリラックスタイムはないわね……習い事の合間に宿題をさせていて、うーん、宿題が終われば、リラックスタイムかな」と、取って付けたように書き込んでいた。土曜日はテコンドーのみで、日曜日は家族で出かけるなどフリータイムにしているという。

もちろん、もっとリラックスした親子もいる。コロナが流行する前は、私は公共住宅の合間に設置されているプレイグラウンド（公園）スペースで自分の子どもたちを遊ばせていたが、近所の子どもが遊ぶ中に小学生もいたし、習い事はゼロで、自宅や、共働きの場合は祖父母の家でのんびりしているという家庭もある。

しかし、インタビューをしていくと、小学校低学年から、平日は毎日1〜2種類、あるいは週末に複数の習い事があるというケースは決して珍しくない。

これは日本についても同じで、私は以前、東洋経済オンラインで、習い事熱について書いたことがある。ただし、日本では主に専業主婦から、どちらかというと子どもたちの時間を持て余していて、「体力を使ってもらう」ために習い事に行かせるといった語りがあったが、シンガポールではほとんど聞いたことがない。

資料2　共働き家庭のケリーさん（仮名）の小1の娘の1週間のスケジュール

<table>
<tr><th>月</th><th>火</th><th>水</th><th>木</th><th>金</th><th>土</th><th>日</th></tr>
<tr><td colspan="5">7:30 ～ 13:30
School（小学校）
←→
13:30 ～ 18:00
Student Care（学童保育）</td><td rowspan="2">9:00 ～
10:30
Math(算数)
11:00 ～
12:00
Swimming
（水泳）

17:30 ～
19:00
Tennis
（テニス）</td><td rowspan="2">9:00 ～
12:00
Chinese
（中国語）

16:00 ～
18:00
Coding
（コーディング）</td></tr>
<tr><td></td><td></td><td></td><td>19:30 ～
Phonics
（英語）</td><td>19:00 ～
Piano
（ピアノ）</td></tr>
</table>

資料3　専業主婦のシンディさん（仮名）の小2の息子の1週間のスケジュール

<table>
<tr><th></th><th>月</th><th>火</th><th>水</th><th>木</th><th>金</th><th>土</th></tr>
<tr><td>7:30
13:30</td><td colspan="5">School（小学校）
9:30　Recess（休憩）
12:00　Snack Break（おやつ）</td><td>9:00 ～
Taekwondo
（テコンドー）</td></tr>
<tr><td>14:00
15:00</td><td colspan="6">Lunch（昼食）</td></tr>
<tr><td rowspan="2">15:00
17:00</td><td></td><td rowspan="2">Piano
（ピアノ）</td><td rowspan="3">Homework
（宿題）
+
Relax
（リラックス）</td><td rowspan="2">Chinese
（中国語）</td><td rowspan="2">Homework
（宿題）
+
Relax
（リラックス）</td><td rowspan="5"></td></tr>
<tr><td>Homework
（宿題）</td></tr>
<tr><td rowspan="3">18:00</td><td rowspan="3">Swimming
（水泳）</td><td rowspan="2">Homework
（宿題）</td><td rowspan="3">Homework
（宿題）
+
Relax
（リラックス）</td><td rowspan="3">Abacus
（そろばん）</td></tr>
<tr><td rowspan="2">English
（英語）</td></tr>
<tr><td rowspan="2">Dinner
(Cook)
（夕食）</td></tr>
<tr><td>19:00</td><td>Dinner
（夕食）</td><td>Dinner
（夕食）</td><td>Dinner
(Cook)
（夕食）</td><td>Dinner
（夕食）</td><td></td></tr>
<tr><td>20:00
21:00</td><td colspan="6">Story Time / Play Time（読み聞かせ／遊び）</td></tr>
<tr><td>21:30</td><td colspan="6">Bed Time（就寝）</td></tr>
</table>

学力競争も残りつつ、習い事もグレード化する……という中で、シンガポールでは親子は、より様々な活動に追い立てられているように見える。

新たなストレス

この忙しいスケジュールの何が問題だろうか。1つは、子どものストレスである。

今30～40代のシンガポール人に、子ども時代のことを聞くと、典型的に出てくる話が、「合計6～7人のいとこたちと祖母の家で宿題をして、終わるまでテレビを見てはいけないし、外に行ってはいけなかった」というふうに、自宅などで過ごし、勉強に対する監督は厳しかったが、宿題さえ終われば自由時間も多かったといったものだ。

多くの場合、祖母は方言しか話せないことなどもあり、寄り添って勉強内容を教えてくれるような存在ではない。ただし、宿題をしているかどうかなどは、時に鞭《むち》を持って監視している。このような体罰も含む教育を経験してきた女性は、母親になったときに、「自分の子どもには、自分が育ったようなやり方で勉強をさせたくない」と言い切るケースが多い。

前述したように、政府も、従来型学力競争での親子のストレスが大きいとして、１９９０年代以降の教育改革を実施してきた。

しかし、現在のシンガポールの子どもたちは、親や祖父母の送迎で移動をし、自宅では学校や塾の宿題に追われている。これらはむしろ、教育改革後の新たなストレスであるといえそうだ。

たとえば自分自身は祖母が「すごく怖かった」と語るシェリーさん（仮名）は、「自分は典型的な Kiasu ママではない」と言いながらも、毎日分刻みのスケジュールで子どもの習い事の送り迎えをして、「習い事の後は、宿題もしないといけないし、本も読まないといけないし、とにかく時間がない」と語る。

自分が育った環境について、「競争は常にあったし、今もある」と話す金融機関勤務の中華系女性エイミーさん（仮名）も、「シンガポールの日常はとてもストレスフルだと思う。子どもたちには幸せになってほしい。でも学業もやらなくていいというわけではないし。そのバランスはすごく難しい」と悩む。

教育によってその後の人生が大きく変わるという認識があり、少なくとも階層を維持してほしいと思えば、周囲がしていることを自分がしないという決断には踏み切れない。

従来型学力の競争によるストレス生活を脱却しようとした結果、また別の忙しさというストレスを子どもたちが受けているとしたら。ストレスを減らそうとした教育政策の皮肉な帰結だ。「新しい能力」をも追い求める結果、数々の習い事に追われ、決められたことを次々とこなす……ここから果たして、創造性が生まれるかどうか。

日本でも、臨床心理士の武田信子は『やりすぎ教育――商品化する子どもたち』（２０２１年）の中で、発達において遊びが果たす重要性と、遊びさえも管理され、自由に遊ぶ権利が剥奪《はくだつ》されていることに警鐘を鳴らしている。

階層の再生産を生む

もう１つは、階層の再生産、つまり格差の問題だ。

じつは、中間層の親子の分刻みの忙しさについては、アメリカの社会学者アネット・ラローが家庭教育について描いた『Unequal Childhoods（不平等な子ども時代）』（２００３年、未邦訳）によっても指摘されている。この本は、中間層（ミドルクラス）と労働者階級で、子どもたちの放課後の過ごし方がいかに異なるかを描き出す。

労働者階級は、帰宅後に子どもたちが近所の子や親戚の子どもたちと自由に遊ぶ。異年齢がまじりあい、時に自分たちでルールを作りながら、大人から自立して過ごす様子は、むしろ理想的にも思える。

一方で、ミドルクラスは、親たちが日によっては複数の習い事に送迎し、同じ年齢の子どもたちだけで大人によりお膳立てされた活動をする。日常は分刻みで忙しいが、組織化された活動の中で社会的なふるまいを身につけていく――。

本の中では、この2つの過ごし方のどちらがいいという結論は出していないのだが、『Unequal Childhoods』の第2版（Second edition）では、10年後の再調査で、様々な資源を活用して学業や人生の成功を手にしていくミドルクラスと、地域の犯罪などに巻き込まれながら見通しを持てない労働者階級の現実が加わっており、自由で自立した遊びの効果への期待は打ち砕かれることになる。

現代の古典ともいうべきブルデュー『ディスタンクシオン』には、「文化資本」という概念が出てくる。家で使われている言葉遣いや触れている音楽、芸術作品などが、学力の基礎になっていることを説明するもので、日本での調査でも、家にある本の冊数や読み聞かせの経験などを「文化資本」として、学力との関係などが研究されている。

ブルデューのもともとの議論は、ある意味で上流階級がナチュラルに持つ資源は、ミドルクラスが多少足掻《あが》いたくらいでは身につかなそうなものにも読める。しかし、今のミドルクラスは、それをどうにかお金で買おうとしている、つまり経済資本を使って文化資本を獲得しようとしている。

前章でも紹介したマイケル・サンデル『実力も運のうち』では、米国でもアイビーリーグの学生の3分の2あまりが、所得上位20％の家庭出身で、スポーツ推薦は、より裕福な家庭に恩恵をもたらすと指摘する。課外活動や公共奉仕活動をアドバイスするコンサルタントや、大学出願の小論文用に夏の外国旅行プログラムを提供する専門コンサルタントもいるという。

このように、親の資本を使ってがっちりとスケジュールを組むことで、子どもの教育達成が可能になるのであれば、生まれた家庭が恵まれているかどうかで差がついてしまう。

シンガポールは、属性主義ではなく業績主義（メリトクラシー）を打ち出しているが、小学校への入学では親の出身校には入りやすいなどの仕組みもある。それに加えて、塾や習い事の外部資源を駆使して組んだスケジュールによって子どもの成功が形作られているのだとしたら。社会の公正性という観点で、問題がある。

送迎に追われる母たち

そして、親子の多忙なスケジュールの弊害の3つ目に、ジェンダー平等の阻害を挙げたい。『Unequal Childhoods』（90頁）を読んだときにも、習い事の送迎に奔走《ほんそう》する親は、いったいどんな仕事をしているのだろうかと首を傾《かし》げたのだが、実際問題、ここまで多忙な習い事の送迎は、母親の就労を妨げる可能性がある。

資料3（87頁）の専業主婦シンディさん（仮名、前出）は、子どもが生まれてまもなくして仕事を辞めていたが、自分の時間は「朝子どもを送り出してから13時頃までのほんの数時間」。この間、家事をしたり子どもの帰宅後の昼食を用意したりしていると、「どこに私の働く時間が!?　そんな短い時間で雇ってくれるところないでしょ」と言う。

送迎を祖父母やメイドさんにしてもらう選択肢はないのかと尋ねると、夫の収入に余裕がある専業主婦であっても、「車がないと生きていけない（から運転できる自分がしている）」「子ども2人の送迎は、あっち行って1人降ろして、その間にこっち行って……と複雑で、私ですらへとへとになるのに」と、その〝業務〟の難しさを挙げる人も多い。

時間が足りないと訴えるシェリーさん（仮名、前出）は、家業の不動産業を手伝っていて、共働きではあるが、午後仕事ができるのは「子どもが習い事に行っている間の細切れの時間か、子どもが寝てから」。しかし子どもの習い事をやめさせたいとは思っていない。むしろ「仕事をしなくてよければ、もっと子どもに時間が割けるのに」とつぶやく。

日本とは異なり、共働き前提社会に見えるシンガポールで、母親たちが専業主婦になっていくきっかけについては第Ⅳ章で書くが、子どもたちの忙しい日常に対応することが、時に母親の仕事へのモチベーションとトレードオフになっている。

全米に衝撃をもたらした大学不正問題

セレブ親たちによる裏口入学スキャンダル

２０２１年３月、ネットフリックスで『バーシティ・ブルース作戦：裏口入学スキャンダル』というドキュメンタリー映画が公開された。２０１９年に明るみに出た大学不正入学事件の関係者の証言と再現ドラマを組み合わせたものだ。

この事件は、ウィリアム・シンガーという大学受験カウンセラーが、俳優や経営者などのセレブ親に持ちかけて、子ども１人当たり１０００万～３億円弱の多額の金銭を寄付扱いで受け取った代わりに、プレイしたこともないスポーツの選手に見せかけたり、ＳＡＴ（大学進学適正試験）などの点数を、受けた子ども本人に分からないような形で捏造《ねつぞう》したりして、子どもを有名大学に入学させていた事件だ。

イエール大学、スタンフォード大学、南カリフォルニア大学（ＵＳＣ）、ジョージタウン大学などの有名大学を舞台に、テレビドラマ『デスパレートな妻たち』などへの出演で知られる女優フェリシティ・ハフマン、『フルハウス』のロリ・ロックリンら有名人を含む33人もの親が逮捕されたことから、大きな話題となった。

また、子どもたちには不正を知らせずに利用していたことで、事件発覚後に、親に対して「どうして私を（自分の力で合格できると）信じてくれなかったの」と、当の本人である子どもがショックを受ける様子も報じられている。子どもたちの中には、退学処分となったケース、退学となり自力で別の大学に入学したケース、そのまま在籍を認められたケースがそれぞれあったようだ。

じつは米国では、膨大な額の寄付を積んで子息を大学に入れる「バック・ドア」は違法ではない。この事件では、ウィリアム・シンガーが「サイド・ドア」と呼ぶ方法で、膨大な寄付はできないが、それなりの金額を支払うことで、点数やスポーツの実績などを詐称したことが問題となっただけで、ＳＮＳ上では、それほど驚くことではないという反応も多かった。

２０２１年２月に出版され、この事件を扱ったニコル・ラポルテ著『Guilty Admissions: The Bribes, Favors, and Phonies behind the College Cheating Scandal（罪深い入学——大学不正スキャンダルの賄賂《わいろ》、口利き、偽《いつわ》り）』（未邦訳）は、大学が資金集めに奔走する一方、ますます多くの高校生が出願するようになり、合格率が下がっていることを指摘。とりわけ白人やアジア系では点数が高いだけでは十分ではなく、他の生徒よりも秀でていなくては入試担当者の目に留まらない中で、親が不安を煽られている実態を描いている。

ネットフリックスの件《くだん》の映画の中では、唯一、賄賂を自分のポケットに入れずにクラブ活動に使っていたスタンフォード大学のセイリングのコーチが証言している。このコーチの場合は、大学のスポーツ自体が生存競争に晒されており、マイナーなスポーツのコーチが資金集めに苦戦しているところをウィリアム・シンガーにつけこまれたようにも描かれている。

韓国ドラマ『SKYキャッスル』が描く親のバトルと狂気

同じくネットフリックスで、『ＳＫＹキャッスル』という韓国ドラマがある。日本でもＢＳで放映されたことがあるが、『ＳＫＹキャッスル』でも、『バーシティ・ブルース作戦』と同様に、大学受験をめぐり、入試コーディネーターという存在を挟んだ親の熾烈なバトルが描かれる。

受験をめぐるママ友のドロドロ劇かと思いきや、それだけではなく、学歴と出世にこだわる父親たちや、代々医師の家系を守ろうとする祖母の思惑が絡み合って「母親の狂気」が作り上げられる構造を描いた力作だ。

　こちらは完全なドラマで、もはやサスペンスともいえる極端な描き方をしてあるものの、米大学不正事件と共通するのは、高校生の子どものことにもかかわらず、躍起になっているのは親であるということ。そして振り回される子どもはもちろんのこと、親も、ある意味で教育システムと受験産業の被害者ともいえる点ではないだろうか。

　世界の教育競争は、過熱している。ドラマや映画の中だけではない。２０１９年にシンガポールから米ＮＹに移住したスペイン人とオランダ人カップルの友人夫妻は、「ＮＹでは子どもが小学生の頃から、大学入学を見据えてスポーツで実績を作るために躍起になっていて、シンガポールの比じゃない」と驚いていた。

　シンガポールで出会ったニュージーランド人とマレーシア人の夫妻は、20年近くロンドンに住んでいたが「格差がますます開いて二極化しているから、誰も底辺のほうに落ちたくなくて、教育への熱の入れ方がすごい」と話す。子ども２人は、比較的アカデミックな色彩が強いとされる英系インターに通うが、「シンガポールのインターのほうがよほどリラックスしている」と話す。

世界的に起こる階層の再生産——煽られる親たち

このように親が競争に翻弄される背景には、２つの大きな格差がある。

１つ目は、事件化するような不正がなくとも、「出身階層が高いほど、子どもの教育で有利になる」という現象は、世界的に起こっているということ。親の学歴や収入が高いほど、子どもの学力や教育達成が高くなりがちだということは、世界の多くの国で確認されている。

たとえば、社会階層の成績への影響を算出しているＰＩＳＡの調査を見ると、その一端が浮かび上がってくる。ＯＥＣＤ平均で、親の階層が高い子どもの17・４％が、読解力テストでの成績が最も高いグループに入っているのに対し、階層が低い子どもでは、２・９％にとどまる。

マカオや香港などの特別行政区を除けば、エストニアやアイスランド、カナダなど格差が少ない国においても、読解力のパフォーマンスの６％程度が、社会階層によって説明がつくのだ（ちなみに日本は８・０％で、ＯＥＣＤ平均は12・０％、ＰＩＳＡ ２０１８）。

日本でも、教育と格差の問題は２０００年頃からよく取り沙汰されるようになり、多くの教育社会学の研究者たちの関心事となってきた。

松岡亮二『教育格差——階層・地域・学歴』（２０１９年）も、親が塾や家庭教師など外部のサービスを使おうと考える志向は、１９９５年には大卒と非大卒で差がなかったが、２０００年代以降は大卒層がより積極的になっているなどの傾向を指摘。ただし、親の学歴など、生まれた家庭の環境によって子どもが到達する学歴に格差があり、これは戦後ずっと存在すると述べる。

この大きなトレンドは変わらない中で、近年、「階層の再生産」議論は、より細部に入り込んだ検討がされるようになっている。

たとえば荒牧草平『学歴の階層差はなぜ生まれるか』（２０１６年）は、子どもの進路選択について、親の階層そのものや経済力から学校外教育への投資が直接影響しているのではなく、地位や資源の影響を受けて形成される親の「教育期待」が差を生み出していると指摘している。荒牧はその後、親族やパーソナルネットワークの学歴や学歴志向が、親の学歴志向に影響することを指摘している（『教育格差のかくれた背景——親のパーソナルネットワークと学歴志向』２０１９年）。

教育社会学者らがこのような調査研究をするのは〝階層の再生産〟に警鐘を鳴らすため

であり、また「こうすれば必ず成功する」といったことを指南するためのものではないのだが、研究者の意に反して、このようなデータや分析結果は、親の焦燥感をますます煽ってしまうかもしれない。

もう1つの格差は、階層の再生産が起こっているにもかかわらず、富裕層や中間層の親が、その子どもの地位をより確実なものにしようと躍起になることで生まれてくる格差である。大学に入る層が拡大する中で、その層の中での「差異化」を目指そうとする。社会の格差がますます開く中で、中流階層（ミドルクラス）が脱落を恐れることによると考えられる。

米大学不正事件や『ＳＫＹキャッスル』でも描かれたように、子どもの入試に対してできることを〝なんでもしようとする〟親の在り方は、「ヘリコプター・ペアレント」と呼ばれる、子どもの上をホバリングする親とも重なる。

日本でも、大学や就職の説明会に親が参加するケースが増えていることなどが報じられてきたが、世界的にこのような傾向があり、その背景には社会の格差がある。

第III章

「教育役割」の罠

シンガポールではホーカーと呼ばれる屋台で気軽に外食ができる

シンガポールの「ワーク・教育・バランス」は？

これまで日本では、女性活躍や少子化対策の文脈で、「ワーク・ライフ・バランス」として、出産や育児と仕事とのバランスが論じられてきた。私自身も『「育休世代」のジレンマ』（２０１４年）で育休明けの女性の仕事と育児のジレンマを書いてきた。

しかし、「ワーク・教育・バランス」はどうなっているのか。

日本では、たとえば子どもが塾に通うにしても、夕食用の弁当づくりや学習のコーディネーター的な役割を親が担っており、専業主婦が支えてきた傾向があった（平尾桂子「家族の教育戦略と母親の就労――進学塾通塾時間を中心に」本田由紀編『女性の就業と親子関係――母親たちの階層戦略』２００４年）。

しかし、外で働く女性が増えてきた中で、子の教育に対して力を入れることと仕事との板挟みに遭う家庭は増えていくのではないか。

教育をめぐるこの世界的な競争の中で、世界のミドルクラスの親たちは、どのような戦略を取っているのか。母親は専業主婦になり、付きっきりでサポートをしているのか？　それとも、共働きで、できる限りの教育費を稼いでいるのか。

じつはシンガポールは、日本ではＭ字を描いてきた女性の年齢別就労率で、子どもの学齢

資料4　シンガポールの女性の就労率

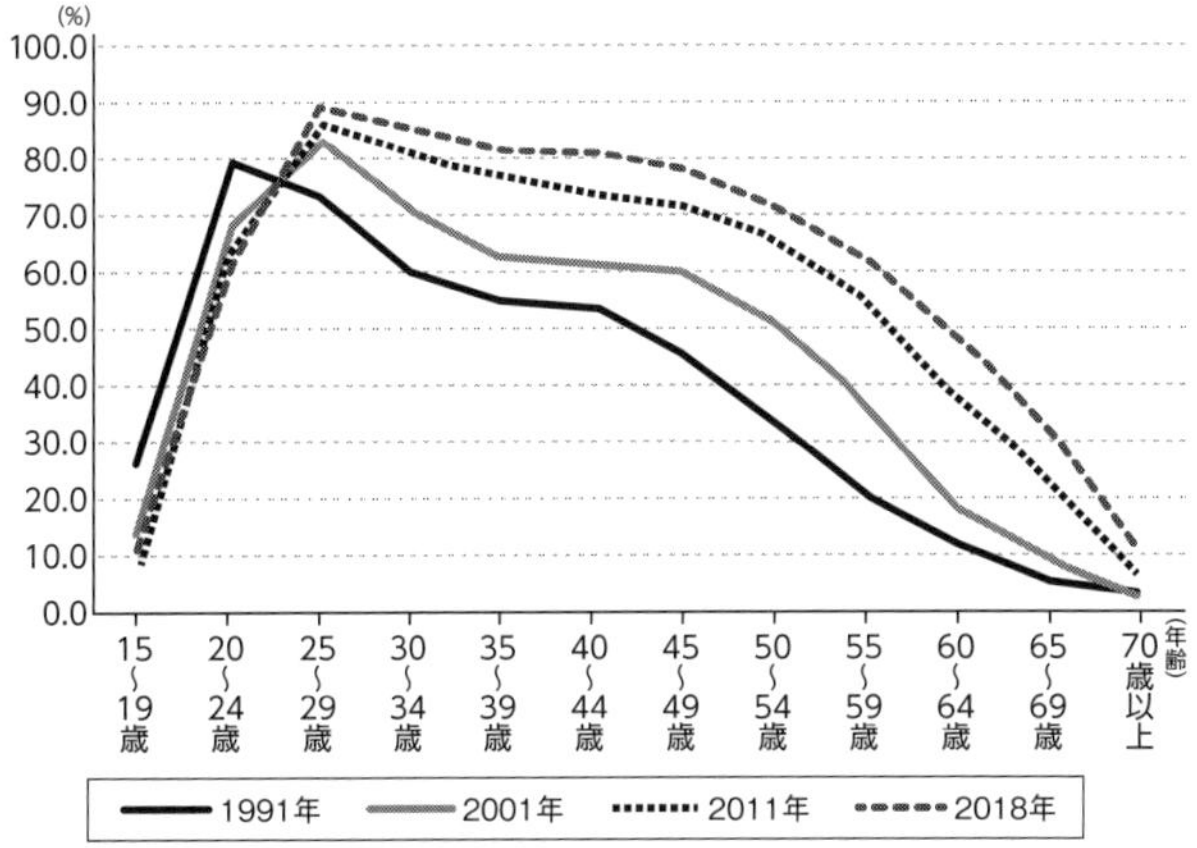

出所：シンガポール人材開発省のデータより作成

期にカーブが下がっていく「キリン型」であると指摘されてきた国だ。

シンガポールの女性の就労率（全年齢）は、１９９１年には48・０%だったのが、２００１年には51・６%、２０１１年には57・０%、２０１８年には60・２%に上昇した。

この就労率の上昇の背景として、アジア間比較を行った『親密圏と公共圏の再編成――アジア近代からの問い』（落合恵美子編著、２０１３年）では、シンガポールでは中国やタイに比べて父親の参加が少ない反面、親族に加え、家事労働者や施設と、市場で選択可能な育児資源が豊富にあることを指摘している。

２０１８年のデータでは、25〜29歳で89・

4%、30〜34歳で84・9%、35〜39歳で81・8%、40〜44歳で81・0%（Ministry of Manpower：人材開発省）と、就労率はかなり改善しているが、子どもの学齢期において女性の就労率が下がる国として取り上げられることも多い。

２０１６年に実施された調査研究でも、シンガポールの無職の妻の割合は、子どもなしで8・3%であるのに対し、末子3歳以下で33・8%、4〜6歳で27・6%、7〜12歳で32・4%、13〜15歳で36・8%、16歳以上で27・8%と、子どもが4〜6歳時よりも、小中学生時のほうが、専業主婦が多い傾向が指摘されている（松田　２０１７）。

「キリン型」の首は、現在はキリンとは呼べないほどになだらかになっている。しかし、なぜ学齢期に女性が離職するといわれてきたのか。

シンガポールは、安い屋台（ホーカー）で外食したり、テイクアウトしたりもしやすい。メイドに料理を任せる家庭もあれば、そもそも国が東京23区程度の広さであるうえに、実家の近くに家を構えやすくするなどの施策があるため、親に夕食を頼る家庭も多く、日本人の子育て世代に比べると、料理の手間は格段に少ないと思われる。

掃除は、住み込みのメイドがいない場合でも、週1〜2回クリーナーに入ってもらうというケースも多いなど、家事の外注への抵抗感はあまりないといえるだろう。子育てについても、産後休暇が短いこともあり、祖父母、ナニーさん、インファントケアなどの選択肢があり、乳幼児を「母親が見なくては」という社会的な母親規範も、日本に比べればかなり薄い。

「家事外注大国」の両立問題

シンガポールや香港といえば、住み込みのメイドが雇える。共働き子育てを推進したいのなら、こういった国に見倣えばいいのでは――。日本政府が２０１２年末に女性活躍推進をうたい出してから、このような声をよく聞いた。

たしかにシンガポールでは、政府に支払う税金を含め、住み込みメイドを月５万〜８万円程度で雇うことができる。日本で家事代行を頼むのには、１時間あたり２０００円前後かかることを考えると、破格にも思える。

実際に、子育て施策などの国際比較を行っている学術書や論文の中にも、シンガポールの子育て家庭には葛藤がないかのように描かれているものもある。そのことを、60代のシンガポール人女性の大学教員らに伝えたとき、「そんなこと、いったい誰が言っているのー!?」と一笑に付された。

シンガポール在住20年のある日本人女性は、「日本に外国人の住み込みメイドを導入しようなんて、とんでもない」と首を振る。日本の家の間取りの問題などもあるが、雇用主側にもマネジメント力が問われ、また様々なトラブルが付きまとい、そんなに生易しいものではないという。

シンガポールでメイドを雇いはじめるには、①新規で送り出し国から呼び寄せる、②現在他の雇用主の家で働いている人の雇用主を代える、という2種類の方法がある。

１つ目の方法では、エージェントから紹介されたメイドをオンラインで面接し、雇用主の責任でシンガポールまで来てもらう。

２つ目の方法では、たとえば日本人同士であれば、帰任する人が、新たにメイドを必要とする家庭に紹介するなど、すでにシンガポールにいるメイドを「トランスファー」する。こちらの場合には、エージェントは書類作成などを手伝うのみであることが多い。

しかしいずれの方法においても、雇い主たちは、よいメイドに出会えるかどうかを「ギャンブル」「宝くじのようなもの」と表現する。

住み込みとなれば、毎日顔を合わせ、家族のケアを任せることになる。留守宅を任せることもあるので、家族だけのときと異なり、自宅内で金品などを管理する必要もある。相性が合うか、誠実な態度で働いてくれるか、トラブルが起きないかということは、実際に雇いはじめてからでないと分かりにくいことも多い。

メイドとのトラブル

60代のシンガポール人女性、アイーダさん（仮名）は、20年間で10人以上のメイドを取り代えてきた。子どもたちが幼い頃は、英語ができるフィリピン人を雇っていたが、子どもが大きくなってからは、老親のケアができそうなミャンマー人に切り代えている。

だが、メイドに仕事内容のことで「もっとこういうふうにしてほしい」などと指摘すると、機嫌が悪くなり、トイレに鍵をかけて出てこなくなったり、夜中に雇用主の部屋をこっそり開けているのを見かけたりしたので、解雇。その後、モノを盗まれていたことも分かり、メイドは警察に捕まった。

アイーダさんは、「時間もお金もたくさん無駄にした。いいメイドに出会えるかはギャンブル。旅行ではお土産を買ってきたり、週末一緒に出かけないかと声をかけたり、家族のように扱いつつも、子どもたちをメイドと2人きりにはしなかった。私はメイドを本心から信用したことは一度もない」と言い切る。

メイドを雇うコツを、「もうとにかく期待値を下げること。細かいことを気にし出すと、きりがないから目をつむること」とため息をつく。

夫の仕事でシンガポールに7年住む3人の子どもの母親、スペイン人のジェシカさん（仮名）も、シンガポールで最初に雇ったメイドが、長男がケガをしたのに報告しなかったことに不信感を抱き、すぐに解雇した。

2人目のメイドとは、とても良好な関係を築いたが、ジェシカさんが3人目を妊娠したことを知ると、「新生児の世話はしたくない」と他の家庭へ移ることを希望したので、望みどおりに新しい雇用主につないだ。

その後に雇ったメイドは、子どもと積極的に遊んでくれず、何度か話し合いを持ったが、解決しなかった。ついに、「メイドはもう雇わない。いい人に恵まれればすごく助かるけど、今は家に誰もいないほうがむしろリラックスできて幸せ」と話す。

自身が幼少期、ヘルパーのいる家庭で育ったあるシンガポール人の女性は、「以前、留守中に（雇用主の自宅に）男を連れ込んでいたこともあり信頼できない。私が子どもの頃も、うちにはヘルパーがいたけど、他の大人がいるときといないときとでは、（ヘルパーが作る）料理や態度を変えるのをよく知っている」と語った。とりわけ、子育ては絶対にヘルパーには任せない考えだ。

このほか、「あるとき、メイドがいなくなって、空港で男と逃げようとしているところを見つかった」「友人が、何年も尽くしてくれたメイドに、これまでありがとうと送り出す日、ケーキを焼いて持ち帰りたいと言い出したので、許したら、焼き上がったケーキが割れて、雇い主の高価な指輪が出てきた」などのエピソードには事欠かない。

このような不信感が募り、子の養育をヘルパーに任せきりにするケースが少ないことは、様々な研究でも指摘されてきた。

もちろん、シンガポール在住が比較的長い日本人が、帰国する際に「メイドさんごと連れて帰りたい！」というほど、個人としてのメイドを信頼し、それゆえ頼りきり、制度としても日本にも導入してほしいというケースもある。

シンガポールで2児の子育てをしながら夫婦共にフルタイムで働く日本人女性のエミさん（仮名）は、「今のメイドさんはお料理も上手で、すごく助かる。子育てをしながら共働きをするうえで、なくてはならない存在」と話す。

以前雇っていたメイドは、家族を連れてきたいと言いはじめて、それをかなえてあげられなかったので解雇せざるを得なかったため、「今は、辞めると言い出されないように、フィリピンに（費用を負担して）1年に2回は帰国させてあげたり、できるだけモチベーションを維持してもらうように気を遣ってる」と話す。

メイドに恵まれ、給料を契約更新ごとに引き上げて、６、７年と家族のように共に過ごす家庭もある。しかし、とりわけシンガポール人には、メイドとの間に苦労した経験を持つ家庭が少なくない。

搾取されるメイド

もちろん、働く側から見ても、問題は多い。国同士の経済格差を利用した家事代行には「搾取」という見え方もつきまとう。実際にシンガポールでは、雇用主によるメイド虐待や、過去には不法にパスポートを偽装し低年齢の女性を送り込んでいたエージェントの報道もある。
シンガポール政府は２０２１年８月から、これまで半年に１回実施してきた、妊娠などをしていないかどうかの検査（妊娠が判明すると母国に送り返される）の際に、虐待が疑われるような傷などがないかを検査することを決定した（“Medical check-ups for maids enhanced to better detect abuse,” The Straits Times 2021.8.6.）
シンガポールではたびたび新聞に、メイドを虐待した罪で罰せられる雇用主のニュースが大きな写真と実名入りで載る。見せしめの意味もありそうだが、雇用主が食事を与えずに30

キロ台にやせ細ったとか、雇用主に殴られたなどの事例が明らかにされ、雇用主には実刑が科されている。

家事労働者は一般的には弱い立場に置かれている。外部との接触を禁止され、英語ができない場合、相談できるネットワークにたどり着けないこともある。

ただし、メイドの置かれた状況も多様だ。特に、長年送り出し国となってきたフィリピンからの家事労働者は、親戚や友人がすでに入国していることも多く、情報も豊富で、助け合いのネットワークも構築している。寛大な家庭で日中も働きづめではなく、3～4時間自由に過ごせるメイドもいる。

メイドたちの住む部屋や食費、生活必需品は雇用主が賄《まかな》うので、手取りはほぼ可処分所得になっていると見られ、彼女たちはそこから母国に仕送りをしたり、余暇に使ったり、将来の備えとする。

家族を母国に残し、頻繁に仕送りをしている母親もいれば、いずれ国に帰ることを前提に若い間だけ違う国で暮らしてみたかったという独身女性もいる。日曜日には、手に職を、と勉強にいそしむメイドもいれば、平日はメイドとして働き、毎週末着飾って出かけるという20代のフィリピン人女性もいる。彼女からは、高級ホテルであるマリーナベイサンズの、宿泊客しか入れないプールで、友達と遊んだことがあるという話を直接聞いたこともある。

上野加代子『国境を越えるアジアの家事労働者――女性たちの生活戦略』（２０１１年）は、メイドが、雇用主によって理不尽な要求をつきつけられたり、監視されて信頼を試されるような目にたびたび遭う中で、サボタージュや着服などの不服従や抵抗の行動を取りながら渡り歩こうとしていることを指摘し、構造上、劣位からの反抗ともいえるということを描いている。

不信感の連鎖

シンガポールでは、正直なところ、メイドについて、「フィリピン人メイドは賢いから気をつけろ」「彼女たちは知恵がついちゃってるから、何をするか分からないよ」という忠告が、国籍と結び付けて飛び交うのは日常茶飯事だ。それは時に、同じ家事労働者たちからも語られることがある。

はじめは、「賢い」「知恵がある」ことをネガティブに捉えるのを、非常に気持ち悪く聞いていたが、性善説でメイドを雇い、その結果、盗みや嘘、借金をしたうえに国外に逃げられてしまうなどの仕打ちに遭って泣きを見ている雇用主を見ると、次第に「気を付けろ」と言いたくなるのもわかるかも……と、その言説に巻き込まれていく。もちろん、すごくいい人もいる。フィリピン人だからどうというのは、ナンセンス。そうは分かっていても……。

上野加代子氏は、前述の著書で、こうした様相を次のように分析する。

> 家事労働者は、自分を他の家事労働者から差異化しようとする。（中略）エージェンシーは、フィリピン女性は賢く、英語の言語表現が得意で、責任感があり、それゆえ賃金も高く、最低月に1度の休日も必要である、と売り込む。他方、インドネシア女性は素朴で働きものであり、雇用主に従順で、低賃金で休日なしに働くことを厭《いと》わない、といった説明がなされている。
>
> （＊著者注：現在は、週1日の休日を設けることが雇用主の義務になっている）

こうしたエージェントの売り込みが、家事労働者同士を敵対するような立場にし、彼女たちはお互いに「私はあの人たちとは違う」といって、他者を貶《おとし》める――。フィリピン人とインドネシア人はお互いの悪口を言い、またフィリピン人は自国内での出身地域によっても、このアイデンティティ・ポリティクスを展開する……というわけだ。

いずれにせよ、このようなことの積み重ねで、メイドと雇い主との間には、お互いへの不信が醸成されてしまっている側面がある。

そもそも、経済格差を利用したグローバルケアチェーンといわれる問題、つまり途上国の女性たちが先進国の母親の子どもの面倒を見る一方で、母国ではその子どもをさらに貧しい女性が見ているというケアの連鎖があり、連鎖の末端にしわ寄せがいくという問題もある。

メイドたちは、母国で仕事に就くよりも条件がいいから出稼ぎに来ているわけで、雇わなければいいかというと、そう単純な問題ではない。母国の子どもがきちんとケアを受けられる体制や、帰国したいときにできる仕組みなどの目配りも本来必要だ。

外注できない「教育役割」

住み込みメイド方式は、このような様々な問題含みの制度であり、シンガポール人の「メイド経験」は、決して素晴らしいものばかりではない。

何人もメイドを代えながら、仕方なく継続している家庭もあれば、日本人からよく聞かれるように「他人が家の中にいるのはいい気分ではない」と雇わないことに決めている家庭もある。

政府統計では、シンガポールでは5世帯に1世帯がメイドを雇っているという。しかし、実際にインタビューをすると、子育て中の共働き世代であっても、皆がメイドを前提にしているというほどではない。

そして、仮に素晴らしいメイドがいたとしても、シンガポールの共働きは、決してイージーモードではない。

ヘルパーに外注せず家庭内に残る役割として、子どものしつけ、宿題の監督、医者や歯医者に連れて行くこと、病気のときに家にいること、支払い関係、があり、とりわけ母親は、「質の高い」子どもを育てる「教育エージェント」の役割を担うと指摘される（Yeoh & Huang 2010）。

量的調査でも、主なケア提供者が母親であると回答する比率は、就学前で63〜64%であるのが、就学後は70%程度に増える（Shum-Cheung 2006）。これまでにも触れたように、子どもの教育競争に熱を上げる親たちは「Kiasu（キアス＝負けることを恐れる）」と呼ばれ、子どもの学業面での成功が母親の成功として見られること、親が子どもの学業面での成功のために子どもの教育に時間と労力を払っていることが言及されてきた（Yeoh & Huang 2010、Straughan et al. 2008、Mathews et al. 2017）。

ヘルパーに子育てを任せないことはすでに述べたが、ましてや教育役割をや。フィリピン人の大卒のメイドは英語が堪能だから、宿題のチェックくらいできるのではないかと尋ねてみると、「メイドは学がないから。大卒のメイドを雇うことはできるけど……でもどっちにしろ中国語はできないでしょ」（30代中華系シンガポール人女性）と、より露骨な答えも出てくる。

ある中華系の40代男性は、「メイドに子どもの教育を任せようという発想自体がなかった……。自分もメイドのいる家庭で育ったが、メイドは家事だけをする存在だったから」と語った。

「ヘルパーは一時的な存在。長期的に責任を持てる存在ではない」「しつけができず、むしろ子どもが甘やかされてしまう」「うちのヘルパーは低学歴だし、大卒だったとしても、シンガポールの教育システムに対応できるとは思わない」などの理由で、シンガポール人たちにとって教育役割をメイドに任せる選択肢は挙がりにくい。

祖父母は力になるか？

では、祖父母はどうか。地方から都市部へ親が出稼ぎに行くような国とは異なり、シンガポールは狭い島内で、祖父母の助けがさぞ得やすいのではないだろうか。国は（どちらかというと介護を子ども世代に任せるため）老親との同居や近居の優遇策を取っており、3世帯同居率も2割程度だ。

しかし、実際にミドルクラスにインタビューをすると、実家が近居で行き来をして食事を作って食べさせてもらう、習い事の送迎を父方の祖父が担当する、などの事例はあるが、複雑化する送迎や子どもの勉強への寄り添いは、ほぼ母親が引き受けている。

「祖母が宿題をやっているかを監督して、私は帰宅後に、できていないところがあったらどうやるかを教える」など、結局子どもに寄り添って勉強の中身を見てあげるのは母親が多いのだ。

この理由としては、まず、祖父母が両親より低学歴であることに加え、勉強の内容が「やっていることが難しくなっている」ことから、大卒の親ですら「娘が学んでいることを学び直さないと教えられない」ため、祖父母が教育役割を担うのは難しいと認識されている。

また、「祖父母には甘やかすので口出ししないでほしい」「自分が育てたい方法で育ててくれるとは限らない」などの教育方針の違いを挙げる30～40代も多かった。

やや脱線するが、日本でも、3世代同居が「子育て支援の解」のように語られたことがあったのをご存じだろうか。

２０１６年、政府が「一億総活躍社会」を掲げ、希望出生率１・８％達成のための施策として、政府の意見交換会に、「『夫の親との同居』が第２子、第３子の出生率を高める」とするデータと、「伝統的拡大家族が出生率向上につながる」という提案が出てきたことがある。

これに対し、山口一男・シカゴ大教授は、「夫の親との同居の場合、妻の希望以上に、出産を促される家庭の規範環境がある」からではないかという解釈を展開した。

たしかに、嫁姑間の確執は古くから語られる問題で、夫の親との同居と出生率の相関は、舅《きゅう》姑《こ》からのプレッシャーなど、女性たちの「我慢」を前提としている可能性がある。３世代同居支援の動きに対して、女性からは、「義理の両親との同居が前提なら、出産どころか結婚したくなくなる」などの反発が出た。

ただ、仕事と育児を両立するうえで「最強」に見える、妻の親との同居についても、女性から見た難点はある。現在の30代前後の子育て世代は、専業主婦の母が手をかけて育て上げてきた割合が高い世代。一方で、今、共働きで頑張っている女性は、その地位達成が、専業主婦の母親による「成果」である可能性があるからだ。

祖父母世代としては、自分たちが実現できなかった「働き続ける」娘が誇らしい一方、自分たちがやってきた「丁寧な家事・育児・教育」を孫にも提供してほしいと思ってしまう。仕事に奔走している娘に、ついつい「子どもが可哀想」と言って罪悪感を煽ってしまったり、しつけや教育方針で持論を展開してハードルを上げてしまったりする。

娘たちも、母の育児・教育方針を頭ごなしに否定すれば、自己否定になるので、全く耳を貸さないというわけにはいかない。ところが、時代も変わる中で、働きながら専業主婦と同じ水準の家事・育児・教育を求められれば、苦しくなってしまう――。

女性の社会進出が過渡期であるがゆえの、世代間ギャップが背景にあり、両者がぶつかる種がそこにはある。ところが、一般的に、実の親と3世代同居をしているワーキングマザーの本音は、外に出てきづらい。

実の親との3世代同居への本音

育児と仕事の両立をするうえで、実の親との3世代同居は、非常に助かるのは事実で、恵まれている立場で文句を言おうものなら、実家が遠いなど支援を得づらいワーキングマザーから反発が出ることが予想される。

それゆえ、多くの3世代同居ワーキングマザーは、インタビューをすると、「本当に親には感謝しています」と口にする。ところが、ママ同士が本音トークを繰り広げるオフの場では、多いに盛り上がる話題が「3世代同居をいつ解消するか」「親の支援を得ずに済むようにするには」。

そもそも、3世代同居ができる環境でも、しないという人も少なくない。「2週間、地元に戻るけど、2週間でも親と一緒に住むことなんか考えられない」「色々言われるのが嫌だから実家の近くに寄るけど黙っている」など。

3世代同居支援をしても、実際に利用する人は限られ、政策の効果も限定的になる。「同居したい人が実現できるよう支援するためのもので、同居したくない人はしなければいい」という反論もあったが、それでは、一緒に住める家がある、引っ越せる状況にあるということだけではなく、先に述べたように、関係が良好であり続ける、教育方針なども一致している、祖父母の健康状態がよいなど、様々な条件をクリアしている非常に恵まれている層だけを支援することになる。

日本の話が長くなったが、これはシンガポールでも同じ。一般的には、「祖父母に頼れていいよね」と見られるが、シンガポールにおいてもまた、そこまで祖父母におんぶにだっこという状況は避けたいと考える娘世代だって多いのだ。

て、その責任が私事化され、家族に割り当てられてきたことが指摘されてきた。

とりわけ、単純に「作業」としての家事が夫婦間で分担されるようになってもなお、その「作業」がきちんとケアとして機能しているかどうかについての気配りも含めた「お膳立て」やマネジメント、ケアする相手のニーズを予想したり、選択肢を検討したり、意思決定をして進行を監視したりすることは、「感覚的活動（sentiment activity）」（J. Mason 1996）や「認知労働（Cognitive labor）」（Allison Daminger 2019）と呼ばれ、その可視化されにくい行動に目を向ける必要性が訴えられてきた。

子どもにどの程度「教育」を与えるかは、乳幼児や要介護者に対する「ケア」とは異なり、なくても生きていけるもの、あくまでもオプションであるもののように見える。公教育が整備されていることを前提にすれば、家庭教育や学校外投資は、本来なくても、生存が脅かされるほどの「避けがたさ」がない営みである。

しかし、これまで見てきたように、シンガポールのような教育競争で生き残ることが必須と捉えられているコミュニティにおいて、少なくともそのような認識を持つ親にとっては、必要不可欠なものに見えているのかもしれない。

実践女子大学の山根《やまね》純佳《すみか》准教授は、『労働再審⑤　ケア・協働・アンペイドワーク――揺らぐ労働の輪郭』（仁平典宏・山下順子編、２０１１年）において、ミノン・ダフィの研究から、ケアの中にも、「関係的ケア」と「周辺化された労働」があり、前者がやりがいと負担の両側面を伴うのに対し、後者はやりがいを感じづらく、負担は重いことを指摘する。

ダフィは、受け手の精神的・身体的健康、身体的・認知的・感情的技能といった能力を発達させるような労働は、「世話／養育」であり、家事サービスなどの「舞台裏」「単純な」労働を「再生産労働」と呼び、賃金格差も担い手の格差もあると指摘する。この定義でいうと、教育活動も「世話／養育」の一部だといえる。

日本の家庭も同じだ。『学力を支える家族と子育て戦略――就学前後における大都市圏での追跡調査』（志水宏吉監修・伊佐夏実編著、２０１９年）には、気が遠くなるくらい「丁寧」な子どもへの寄り添いが描かれている。

子どものモチベーションを維持しながら、学校の勉強についていってもらい、できるだけよい成績を目指す。学校の成績や試験の点数だけではなく、子どもの興味関心を見出し、問題解決能力やコミュニケーション力も育みたい……。

「新しい能力」を求める家庭が、子どもに対して「やってあげたらいいかもしれない」ことには、際限がない。

家事が食洗器や自動掃除機などの家電によって楽になる反面、教育絡みでは家庭のやることはますます増え、その業務はますます高度な配慮を必要とする活動になっている――。

外部資源を使うことにより、増える業務

メイドにも祖父母にも教育役割を任せられない。それでは、習い事や塾などの外部資源はどうなのか。親の負担を軽減しているのだろうか。

結論から述べれば、教育の外部化は、別の業務を親にもたらしている。

まずは、送迎だ。第Ⅱ章で登場した、息子がある競技の国代表だというキャサリンさん(仮名)は、「毎日分刻みで予定が入っていて、私は完全に送迎運転手。子どもたちが学校から帰ってきたら、お昼ご飯を食べさせて、習い事に出かける。子どもが習い事に行っている間は、食材の買い物をしたり、図書館に行ったりしている」と言う。

図書館にいる時間は、少しゆっくりできるのかな、と私が思ったとたん、それを見透かしたかのように、彼女は「自分の本じゃないわよ。子ども用の本を借りに行っているの」と付け加えた。

合間に、下の子は昼寝をしないと持たない日もある。帰宅してから夕飯を作る暇はないの

で、祖父母の家で食べさせてもらってから帰ることが多い。30代のキャサリンさんすら疲れ果てるのに、「祖父母に送迎からやってもらうのは高齢すぎる」。メイドを雇っていた時期もあるが、車を運転できない。

キャサリンさんは、「共働き家庭はどうやっているのか、心底不思議」と私に尋ねた。「土日に2～3個習い事を掛け持ちしているか、歩いて行ける範囲の習い事なら祖父母が連れて行っていることも多いし、家庭教師やプールのコーチはコンド（ミニアム：日本のタワーマンションのような共同住宅）に来てもらうとか」と私が答えると、「うちはよい先生がいると聞けば、シンガポールの端っこであっても、子どもを送っていくから……」と諦め顔だった。

さらに、塾や家庭教師を利用するにしても、どこの施設がいいかを調べ、比べ、通いはじめてからも、送迎だけではなく、塾のクラスのレベルが合っているかどうかを確かめたり、家庭教師は適切に教えてくれているかどうかなどを確認するという「マネジメント業」をしているのは、主に母親だ。

「教育する家族」――競争がある限り、負担は減らない

教育社会学では、親こそが子どもの教育の責任者であるとの観念のもとに、主に母親が

「パーフェクトチャイルド」を育てようとする「教育する家族」の大衆化が進んでいるという指摘がある（広田照幸『日本人のしつけは衰退したか――「教育する家族」のゆくえ』1999年）。

教育競争下で〝新しい学力〟も含めた教育が目指されている中では、場合によっては、ケアよりも複雑に、子どもの理解度や習熟度、性格をふまえたモチベーションの管理などを長い目で見守ることが必要になる。

こうした気配りをベースとしたケア責任は、外注することができない。それどころか、豊富な外部資源の中から最適な選択肢を選び取り、活用しつくすために、親たちの業務は複雑化している面もあるといえるだろう。

日本政府は、待機児童の解消や家事労働者などのオプションを広げようとしているが、ケアを外部化したところで、家庭への負担偏重は、教育の競争がある限り変わらないだろう。

ケアよりもいっそう私事化された教育において、子どものモチベーションや習熟度に寄り添いながら、個々の家庭が市場化された選択肢を組み合わせて運用することで競争を勝ち抜こうとすれば、育児資源が豊富であっても、むしろ豊富であればあるほど、複雑な管理業務は家庭に残る。

このことは、その業務に投入できる労力の家庭間格差だけではなく、家庭内の男女役割格差につながっている。専業主婦になる選択や、夫婦の役割分担については、第Ⅳ章で解説する。

超・少子化シンガポールの教育負担——極端に低い出生率

教育役割は親にとって経済的にも負担となる。シンガポール人を配偶者に持つある日本人女性は、「私たちは引っ越せないので、今この環境で子育てをしているけど、あえてシンガポールで教育を受けさせたいとは思わない」とつぶやく。

第Ⅰ章のコラムで、シンガポールで子育てのしやすさを実感したと書いた。しかし、これはあくまでも、余裕のなさすぎる東京との対比で、さらにいつか母国に戻る選択肢のある外国人の感覚なのかもしれない。そこで生まれ、そこで生きていくことが基本である人たちにとっては、ここまで見てきたように、シンガポールの教育システムは時に過酷だ。

実際に、住んでいる人たちにとって、必ずしも子育てがしやすいとは言いがたいことをうかがわせるのが、シンガポールの極端に低い出生率だ。

シンガポールでは、１９７０年代以降に急速に少子化が進み、現在では出生率が１・２以

資料5　シンガポールの出生率の推移（女性一人あたり）

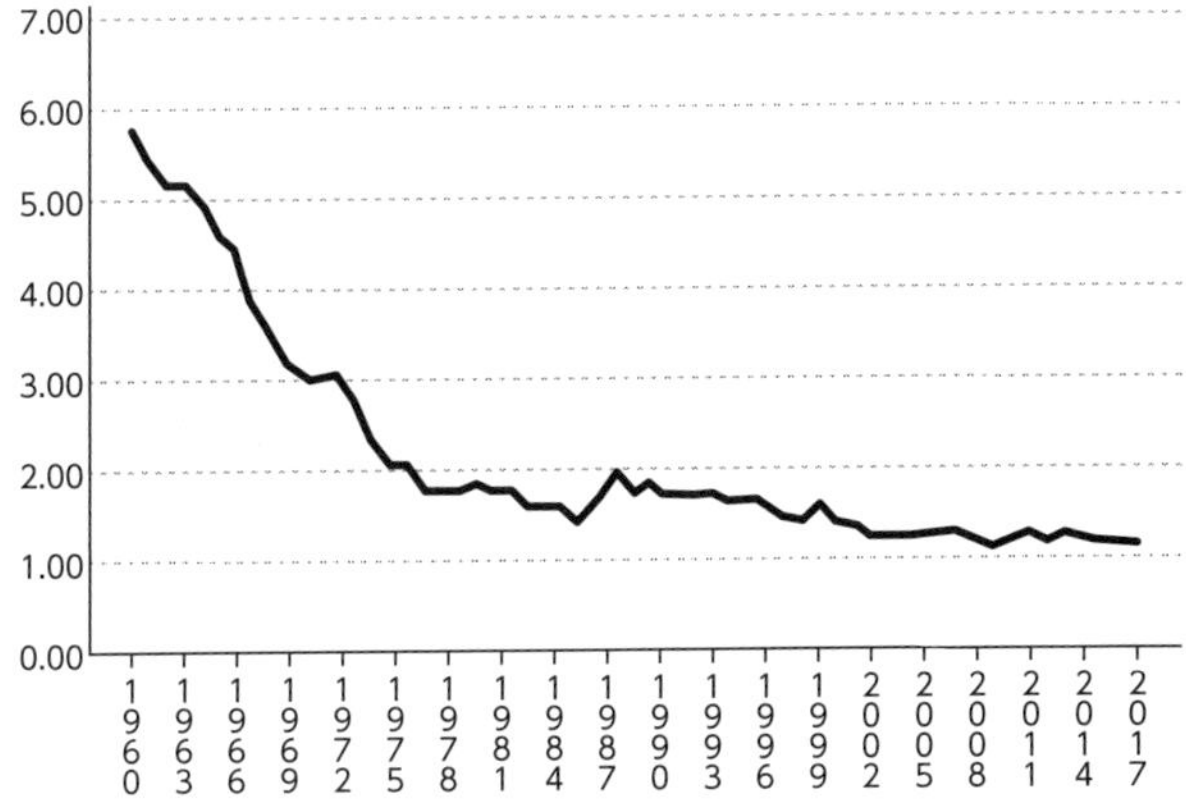

出所：シンガポール統計局、出入国管理局のデータより作成

下で推移している（**資料5**）。都市国家であることをふまえ、東京と比べれば同程度だが、日本全体よりも低水準ということになる。

シンガポールは、1965年の独立当初は、増加する人口と失業問題の解決を狙って「子どもは2人まで」というスローガンを掲げ、出産抑制政策を取った。

しかし、1970年代に、外資系企業の大量進出により労働力が不足し、また国民所得の向上の結果として、親が子ども数を少なくして自身の生活を楽しむ傾向が強まり、出生率が低下すると、出産奨励へ方針を転換しはじめた（岩崎　2005）。

1983年に、リー・クアンユー首相は、高学歴女性に対しては結婚と多産、低学歴女性に対しては出産抑制するという驚きの政策を発表した。大卒の母親には、出産や子どもの看病に際して、有給休暇や税金の払い戻しなどの優遇措置、希望するエリート学校への入学を優先的に認める一方で、世帯月収が1500シンガポールドル以下で学歴の低い母親には、第一子か第二子出産後に避妊手術を奨励し、手術を受ければ1万シンガポールドルの手当てを支給することを決定したのだ。

この政策は、優生学的だとして批判され、1984年の12月に、それまで一貫して与党として7割以上の得票率を保っていた人民行動党が、総選挙で79議席中2議席を失う「歴史的敗北」を見る。慌てたのか、高学歴女性への優遇策はその後廃止された。

1987年には、「子どもは3人が理想、経済的に余裕があれば4人以上」との政策を打ち出し、学歴などにかかわらず、結婚や出産を全面的に支援する方向へ転換。ゴー・チョクトン副首相は、3人以上出産した場合は、所得税の還元、広い間取りの公共住宅の優先割り当て、託児所の利用に対する補助金支給などの優遇を与える政策を開始した。

2001年には「結婚・育児支援パッケージ（Marriage and Parenthood Package）」という支援策を発表し、その後、幾度も拡充している。たとえば、2001年は2人目、3人目への補助金支給であったものが、2004年からは第一子を含め第四子まで、2015年からは第五子以降も含めた出産奨励金、産休の延長、ベビーボーナスと呼ばれるケアが必要な家族がいる世帯への家事労働者雇用税などの軽減措置が実施された（Chen et al. 2018）。

しかし、その後も出生率は1・2程度と低迷する。2018年のデータによれば、独身の割合は、30～34歳の男性で40・4％、女性で27・4％（1990年は男性で34％、女性で20・9％だった）と、未婚化およびそれに起因する少子化には歯止めがかかっていない。

なぜ少子化が止まらないのか

シンガポールにおける少子化の原因や政策的効果については、豊富な研究蓄積がある。量的研究では、年齢、民族、学歴などの変数を用いて出生率の規定要因を探る分析が数多くあり、とりわけ市民の多数派（約76％）を占める中華系で出生率が低いこと、また女性の高学歴化が未婚化・晩婚化をもたらしていること、結婚したカップルの中では結婚時年齢が高ければ子どもの数が減ることなどが指摘されている。

女性の高学歴化が未婚につながる理由としては、女性の高学歴化が進んできたにもかかわらず、上昇婚規範意識があることが一因として挙げられている。シンガポール国立大学（NUS）の調査（2013年）によれば、シンガポール女性は結婚相手に自分より身長が高いこと（67％）、年上であること（55％）、高収入であること（44％）、知的であること（35％）、高学歴であること（23％）を求める傾向が指摘されている。

また、晩産化や1世帯あたりの子ども数の減少の背景としては、若いカップルが結婚時に家を購入する際に費用負担が重いことや、住みたい物件の入居権利を得るのに時間がかかること、女性の高学歴化により男性からの経済的依存からの解放が進んでいること、キャリアに投資する考え方が浸透している反面で、女性にとって子どもを産むことの心理的・経済的コストが高いことなどが遠因として言及されている。

前述のＮＵＳ（２０１３）の調査では、「子どもは学業やキャリアの追求をさまたげる」に同意する割合も、男性35・1％に対し、女性は41・9％と、男女差が見られる。女性たちは、産休が長くなることにより解雇される可能性を懸念しているとの指摘もある。

女性の高学歴化が未婚化・晩婚化をもたらし、結婚したカップルの中では、結婚時年齢が高ければ子どもの数が減る……という、日本とも共通する問題が起こっている。

また、親になることのストレスの増加や、より少ない子どもに投資する傾向も指摘されており、ある論文では、１６５人のシンガポール人女性へのインタビューで、子どもの人数を増やす選択肢が取りづらい理由について、次のような点を挙げている（Shirley Hsiao-Li

Sun, 2012)。

・子育てが長期的なものであるのに対して政府の補助金が一時的でしかないこと
・子どもの学術面での成功を確実にするためにはかなりの金銭的投資が必要だと認識していること
・有給産休を取得できても雇用の保障がないこと
・父親の育休取得についても経済的不安から取得しづらいこと

つまり、シンガポール人にとって、子育てをするうえでの大きなハードルは、「お金がかかること」だと指摘されてきた。塾や習い事に追われることによる時間のやりくりについてと、それが女性の就労を阻害する可能性については、第Ⅳ章で書くが、外部資源の利用には当然お金もかかる。

学校は無償なのに？

シンガポールは前述のとおり天然資源を持たず、「人材」が唯一の資源として、教育に力を入れている国でもある。シンガポール市民の場合、一部の宗教学校などを除き、大半の児童・生徒が公立学校に通い、義務教育は無償だ。

では何にお金がかかるのか。小学生の子どもを持つ約40家庭にインタビューを実施し、匿名で処理することを条件に、年収や教育費も支障のない範囲でシートに記入してもらった。

シンガポール人の月収の中央値は4500シンガポール・ドル（約36万円）。一方、インタビューをしたのは、教育競争の様相を知るために中華系の大卒の人が中心で、共働きが多く、世帯収入は1カ月1万シンガポール・ドル（約80万円）を超えるケースが大半だった。

現地新聞『The Straits Times』によれば、シンガポールの家庭では、月収の20％以上を子どもの教育にかけていて、収入が高い人ほどより多くお金をかける傾向にあるという（"Parents: More for kids, less for their own future" 2021.8.8）。

私の調査対象の人たちの月の教育費は、申告ベースで500～2000シンガポール・ドル（約4万～16万円）。習い事などの相場は、ヒアリングしている範囲では、おおむね1時間で30～80シンガポール・ドル（2400～6400円）程度の幅があり、週4回で1種類あたり、月1万～2万円台前後というところか。これを何種類、何人の子どもがやっているかで金額に幅がある。

金融機関の管理職で、小学生の子どもがいるある女性はこう語る。

「私の親の代では片稼ぎでもよかったけど、収入の伸びよりも物価が上がっているから、共働きをやめることは今はできない。学校にはお金がかからないけど、学校では大したことを教えてくれないから、結局親は、家庭教師にたくさんお金をかける。これが、すごくすごく高い。子どもに教えるのがとても上手だったら、専業主婦になることもできるかもしれないけど、塾のためだけに必死で働いている親は多い」

家賃並みの教育費

この「すごくすごく高い」という家庭教師費用の半端ない金額が明らかになっていったのは、中学生のいる親にインタビューをしはじめてからだった。

小学校修了試験前の小５～小６時にかけた金額を聞きはじめた頃、思わず月額と年額を間違えたのかなどと耳を疑い、驚いたふうを出さないようにしながら再確認する必要があった。

士業の仕事に就く中華系女性オーロラさん（仮名）は、小５の長女の家庭教師に払っている月額について、「５０００～６０００ドル」と答えた。日本円で40万～48万円程度。場合によっては世界でも高いことで有名なシンガポールのコンドミニアムの家賃より高い。それを毎月、１人の家庭教師に払っているということなのか。

オーロラさんは、長女の小学校修了試験（ＰＳＬＥ）に備え、「働きながら（子育てと勉強を見ることの）両方はできないから」という理由で、〝フルタイムの〟家庭教師を雇っていた。フルタイムの家庭教師というと、複数家庭の子どもを並行して教えるプロ家庭教師をイメージするが、オーロラさんの家に来る家庭教師は、オーロラさんの長女〝専任〟という意味だった。

週５日、毎日、長女が学校から帰ってくる昼過ぎから自宅に来て、夕飯を共にし、ほとんど寝る直前まで一緒にいる。「もう１人母親がいる、みたいな」存在だという。

聞くと、その家庭教師は、もともと友人の友人で、自分も子どもがいる中国出身の女性。中国ではワーキングマザーだったが、夫の転勤でシンガポールに来て、自分の子どものＰＳＬＥを終えた後、することがなかったため、当初は「お金は取りたくない」と無償でオーロラさんの長女に教えはじめたという。

オーロラさんは彼女の働きぶりを見て、あまりの献身ぶりに、まずは時給で支払いを始めた。ところが家庭教師の女性は、オーロラさんの家に来ていない時間帯も、オーロラさんの長女に説明するための資料作成や、長女が１つ問題を間違えれば、その苦手を克服するために似たような問題を持ってくるなどの準備に、膨大な時間をかけていることが分かったため、月額で渡すことにしたという。

「こうでもしないと、仕事ができない。彼女が来るようになってから、娘との関係もよくなった。親が自分で教えようとすると難しくて、親子の心理的な距離が遠くなったりするけれど、家庭教師がいてくれるから、娘は今も私と近しくて、何でも話してくれる。しかも、その家庭教師も（子どもを持つ）母親だから、この年齢の子どもをどういうふうに扱ったらいいかもよく分かってる」

オーロラさん夫妻は高収入カップルで、お金のある人のすることは、どこの国でも極端――ということだろうか。私はその後、このように毎日来る家庭教師を雇っている話を聞いたことがあるかと聞いて回ったが、同じ人物に全科目の家庭教師と母親的な役割までをも外注するケースはこれまで見つかっていない。

しかし、オーロラさんと同等の金額をかけている人は、そこまで珍しくはないことも分かった。しかも、必ずしも超高収入カップルに限らない。

インド系シンガポール人のサラさん（仮名）も、一人娘の小学6年生の1年間は、1日に2科目の家庭教師が入れ替わり来るなどして、中国語、英語、理科……と全8人の家庭教師

（算数だけで４人）を雇っていた。それぞれの科目は週１～２回あり、すべての金額を合わせると６０００～７０００ドルになったという。彼女の世帯月収の申告は、夫婦合わせて８０００ドル弱。「その１年だけと思って」、可処分所得のほぼすべてか、上回るほどの金額を家庭教師に投資していたことになる。

家庭教師確保競争

なお、シンガポールの家計調査（ＨＥＳ：Household Expenditure Survey）によれば、シンガポールではこの10年、塾の利用金額が激増している。家庭教師の利用金額はほとんど変わらないが、こちらも根強い人気を保っているようだ。その理由について「家庭教師は自分の子の学びに合わせてカスタマイズしてくれるから」と語る親は多い。

そして共働きにとっては、オーロラさんの例のように、もう１人の母のようにふるまってくれる、つまり家庭におけるケア役割も代替してくれるという理由がある場合もある。

あるとき、シンガポール国籍を取得済みの中国出身の友人が、中国語のニュース記事を私に送ってくれた。Ｇｏｏｇｌｅ翻訳と彼女の説明をもとに要約すると、中国の都市の一部で、「高学歴家政婦」を雇うのが流行っているというのだ。

家政婦を雇ううえで、子どもの教育も見てくれる高学歴の女性が人気だという。新卒で就職活動に苦労する若い女性たちにとっても、家庭教師先の富裕層と人脈を築くことのできる仕事は悪くないと、その記事では分析されていた。

勉強を教えてくれて、子どもの状況に合わせたケアもしてくれる。親にしか果たせないと思われてきた家庭内での「教育役割」を、外注できる選択肢が出てきているといえるだろうか？

ハイエンド家庭／パワーカップルで、こうした母業も含めたフルタイム家庭教師を雇うという非常に個人化されたオプションは、今後一般的になり、女性の就労と男女平等化につながり得るだろうか？

しかし、ここで、教育役割を外注できるような家庭教師をつけるために必要なのは、お金だけではないことも分かってきた。

家庭教師ではなく塾を選んだ人たちにその理由を尋ねると、「高いから」以外に、「よい家庭教師を探すのが大変だから」「評判のいい家庭教師を確保できなかったから」という声が頻繁に出てくる。

つまり、家庭側が優秀な家庭教師を確保するのが難しく、獲得競争が熾烈なのだ。もちろんシンガポールにも、日本にもあるような家庭教師紹介サイトや派遣サイトのようなものはある。しかし、実際に家庭教師を雇っている人に、どうやって見つけたのかを聞くと、ほぼほぼ「友人や親戚の紹介」だ。

しかも、半ば常識になっているのが、実績のある家庭教師には数年前から唾を付けておいて、今見ている子どものＰＳＬＥが終わった途端に、自分のところに来てもらうというものだ。

第Ⅱ章のコラムでも紹介した、韓国の医学部受験をめぐるドロドロを描いた韓国ドラマ『ＳＫＹキャッスル』にも、受験コーディネーターについてもらうために奔走する話が出てくる。世界中で巻き起こっている「家庭教師の獲得競争」には、頭がクラクラしてくる。

シンガポールにおいて、親戚や知人から評判のいい家庭教師を紹介してもらえることは非常に重要。結局、経済資本、社会関係資本の有無によって、家庭教師を雇えるかどうかが決まっていることがうかがえ、ここでも恵まれた人がより有利な競争環境を確保していくという格差の実態を見ることになる。

サンドウィッチ世代

シンガポール人の親たちにとって、もう1つ、お金の懸念になるのが、海外大学への進学の可能性だ。弁護士のセリーナさん（仮名）は次のように話す。

「ある程度のライフスタイルを維持したいし、子どもがもっと習い事をしたいとか、海外で勉強したいと言い出したりしたときの、教育の面での選択肢を持っておくために、貯金をしていたい。しかも老親の面倒も見ないといけないから、結構お金がかかる。だから共働きのほうがいい」

ＮＵＳや、ＮＴＵ（Nanyang Technological University：南洋理工大学＝シンガポールにある国立大学）は、世界大学ランキングでも東大より上位。シンガポールの国民であれば、学費は外国人の半額程度で済み、親元から通えれば生活費も追加ではかからない。近年新設される大学も増えている。そのため、アメリカのアイビーリーグなどを目指す一部のエリートを除けば、多くの子が「国内大学」を目指すことになる。

それが難しいとなったとき、親たちが考えるのがオーストラリアの大学だ。アメリカやヨーロッパより渡航費や学費が安いとされ、距離的にも近いためだ。親の世代自体が、大学をオーストラリアで出て、オーストラリア人と結婚したり、移住したりしているケースもある。

とはいえ、海外大学に行くとなると出費は多くなる。その可能性に備えて、貯金をしておこうと考える——このことも、子どもの教育にお金がかかると訴える層の背景にある。

そして子育てだけではなく、この世代は「サンドウィッチ世代」と呼ばれ、老親の世話の負担もあることが知られている。現役世代が専業主婦で親が働いている場合などを除いて、対象者たちは自分の親に対して、子（孫）育てへの援助があるかどうかにかかわらず、生活費を仕送りしている。

「数百ドルを自分の母親に渡しているが、妹が一緒に住んでいるし、他のきょうだいからもお金がいっていると思う」「自分の母親にはクレジットカードを渡していて、父親には誕生日プレゼントなど、特定のイベントのときに贈り物をする」など、金額や方法はばらばらだが、日本では当たり前のことではないと言うと、驚かれることもあった。

これについては、「アジアの文化」であると捉えている対象者も少なくなく、「渡さないといけない。親をどう扱うかは、子どもが私たちをどう扱うかでもあるから」と、親と自分の関係性が、将来の子による自分の扶養につながることを示唆するケースもあった。

補論

日本の家事や育児外注

日曜日にショッピングモールに集まるフィリピン人女性たち

（1）日本にメイドは根付くか？

日本に来るメイドさんたち

日本でも、２０１５年7月の改正国家戦略特区法によって、２０１７年から東京や大阪などの経済特区で、「家事支援外国人受入事業」として家事代行の名目で外国人が来日し、就労が可能になる枠組みで外国人の受け入れを解禁した。だが、長期的にうまくやっていくためには、家事労働者を支える様々な仕組みや工夫が必要であることは間違いない。

これまで家事労働者として日本で働いていた外国人のほとんどは、夫が日本人で日本に住んでいる外国人主婦や留学生だったが、こうした特区では新たに人を呼び込んでいる。

この事業に手を挙げたのは、ダスキン、ニチイ学館、パソナ、ピナイ・インターナショナル、ベアーズ、ポピンズの6事業者。香港やシンガポールのような住み込みメイドを前提とせず、企業が雇用し家庭に派遣する形態を取り、給料は日本人と同等にすることが義務付けられている。

なぜ彼女たちは日本に来ることに決めたのか——。いち早く手を挙げ、２０１８年時点で63人を受け入れていたパソナの、家事労働に従事するフィリピン人女性たちに取材した。

同社では、フィリピン人のヘルパーたちは、日本語、日本的な配慮やマナーの研修、実技など４００時間の研修を現地で受けて来日する。この枠組みで来日したジェニーさん（36歳・仮名）は、７歳の息子をフィリピンに残し、香港で2年メイドをした後、カナダに渡ってパートタイムのセールスの仕事をしていたという。カナダも大好きな国だったが、もっと世界を広げたいと、日本に来ることを決めた。

母親が子どもを残して他国に出稼ぎに出ることは、フィリピンでは珍しくない。夫や親戚が子育てをし、母親が仕送りをするのだ。シーラさん（29歳・仮名）は独身。アブダビで2年間、住み込みメイドをしていたが、一度フィリピンに戻って3年間アメリカ人の高齢者ケアをしていた。エリザベスさん（41歳・仮名）は、5歳の子どもを持つシングルマザーだ。6年間台湾の工場で働いた後、3年間ポーランドでハウスキーピングの仕事をしていたこともある。

彼女たちが口にする来日理由は、「安全」「健康的な生活」「ご飯もおいしい」などで、日本に前向きなイメージがあることが分かる。日本語の勉強ができ、研修などでハウスキーピングの技術が上がることも魅力だったという。同社は来日した外国人家事労働者用に賃貸物件も用意し、２人部屋が３部屋ありリビングや台所が共通の３ＬＤＫに６人が住んでいる。

一方、ベアーズはごく少人数から始め、完全個室を準備。利用家庭のニーズと合うタイプをマッチングし、顧客側の満足度は非常に高いという。ニチイ学館は大規模受け入れをした後、事業の推進者であった創業者の死去などがあり、２００人あまりが契約更新をされなかった問題が報じられるなど、事業者により様相は異なる。

ただ、１ついえることは、家事労働者たちは「そこに来ざるを得なかった人たち」というわけではなく、行き先国を選ぶ立場でもあるということだ。

日本は、人手不足で家事労働や介護などのケアを外国人に頼ろうとしたとき、彼女たちに選んでもらえるかどうかという課題にぶつかることになる。

「新しい世界を見たい」という好奇心旺盛な外国人に期間限定で来日してもらうという方法は、一時的にはお互いＷｉｎ－Ｗｉｎでもあるように見える。

恵泉女学園大学教授で移民、ジェンダー論などに詳しい定松《さだまつ》文《あや》氏は、共著書『産業構造の変化と外国人労働者——労働現場の実態と歴史的視点』（駒井洋監修・津崎克彦編著、２０

１８年）の中で、家事支援事業の枠組みについて、本来、国がすべき入国のための資格の確認や管理・監視などの移民行政の一部が民間に任されており、在留資格と雇用関係が一体化しているがゆえに、外国人労働者が「ものを言えない」存在になりやすいと指摘している。

現在の政府が決めている枠組みでは、家族を呼び寄せたり、日本社会になじんで生活したりすることを想定していない。あくまでも短期で人を補い、入れ替え続けることになる。

カナダやヨーロッパの一部など、永住権を得やすく、転職の自由があるなど家事労働者の人権が広く認められている国もある。労働者にとっては家族を呼び寄せられるかどうかも重要だが、呼び寄せた後に子どもがきちんと教育を受けられるかといったことも気になってくる。

日本は選ばれる国になれるか

こうした長期的な展望も含めれば、日本が外国人労働者に選ばれ続ける国になるかは大いに疑問だ。

あらゆる分野で人手不足になる中、日本人の生活は多くの外国人に支えられつつある。法務省によれば、２０１７年末の日本における在留外国人数は２５６万人で、前年末に比べて約18万人（7・5％）増。過去最高を記録している。

家事支援の枠組みとはまた異なるが、政府は2019年度から外国人労働者の受け入れを単純労働まで広げるために新しい在留資格を設けた。

新たな在留資格「特定技能1号」は家族帯同が認められず、在留期限は最長で5年間。より熟練した「2号」は家族帯同が可能になり、「高度な専門人材」と同様、定期的な審査をクリアすれば在留資格も更新可能としている。

しかし、こうした方針を発表しながらも、「移民」ではないと二枚舌を使い分ける政府。本来は定住を前提に社会保障や教育、社会としての受け入れについて議論をしなければならない。

『新　移民時代――外国人労働者と共に生きる社会へ』（西日本新聞社編、2017年）の中のインタビューで、「未来を創る財団」代表理事の石坂芳男氏は「パッチワーク的な政策では規模やスピードが足りない」と批判。国を挙げて真正面から向き合っていくべき課題だとしている。

長期で外国人が日本社会に根付いて、共に過ごせる枠組みは果たしてできていくのだろうか――。こうした「移民」議論は、すでに目をつぶっていられない状態までできている。

外国人が増えると治安が悪化する？

外国人の増加で「治安の悪化」を懸念する人がいるが、治安が悪化しそうだからと排斥し、支援せずにいれば、困窮から実際に治安の悪化が起こるかもしれない。私たちはこうしたことが起こることを予測して、信頼のシステムを築かなければならない。

アメリカの社会学者・マートンが提唱した「自己成就的予言」（予言の自己成就）という概念がある。これはたとえば、ある銀行の信用が揺らいでいるとの誤った認識が広がると、預金の払い戻し希望が殺到し、たとえ信用不安が事実ではなくとも実際に銀行が潰《つぶ》れてしまう、といった現象を指す。

じつは、マートンは当初の論文（Merton 1949, 1957=1961）で、これを人種差別のケースにも当てはめて使っている。つまり、異なる人種間で「分かり合えることはないだろう」と排斥的なコミュニケーションを取っていると、実際に対立が起こりやすくなってしまう、ということだ。

たとえば、白人で構成されている労働組合が、黒人はスト破りをしそうだから入れてあげない、といったことを続ける。そうすると、実際に黒人は組合と協調せず、スト破り的な行動を取ることになる。

一方、白人と黒人が半々に住むことが計画された共同住宅のケースでは、最初は白人の多くが、人種間の関係がスムーズにいくことを期待していなかったものの、実際に暮らしてみると、その４分の３が「うまくやっていける」ことに気が付いたという。

日本でも、技能実習生の失踪問題などが取り沙汰されるが、「どうせいなくなってしまうから」と親身に接しなかったり、悪条件で働かせたりすることが、実習生側に逃亡する理由を与えてしまっている可能性がある。

また、自分が相手を信用して、万一裏切られたときの代償が大きすぎる、だから最初から信じない、といったゲーム理論の「囚人のジレンマ」的均衡に陥っている可能性もある。

多文化国家シンガポール？

シンガポールは移民にどう向き合っているのか。シンガポールは多様な移民国家――とはいっても、他者に不寛容な言動が全くないわけではない。

過去には「インド系隣人のカレーのにおいがきつい」という中華系市民の不満を受け、仲裁者が導いた「中国系の隣人が旅行中のときだけカレーを料理していいことにする」という解決策が批判を受けた……、ＳＮＳなどで人種差別的な発言をした個人が大炎上したりした……といった事例が見られる（Mathew Mathews, Chiang Wai Fong『Managing Diversity in Singapore: Policies and Prospects』2016)。

ただし、ここでの「炎上」の批判内容を見ると、「多様な民族や宗教に寛容な国家であるシンガポールの国民として恥ずかしくないのか」というふうに、多文化国家であるシンガポールへの愛国心があるゆえに、それを守ろうとする方向での批判が多い。

つまり、愛国心とポリティカルコレクトネスが一体になっている。

もちろん、シンガポールでも、こういった素地があってさえ、やはり建国時からいる民族や自国民に対しての見方と、短期的にシンガポールに働きに来ている外国人労働者への見方が同じように寛容であるとは限らない。

シンガポールは、労働力人口の４割近くが外国人で、特に低賃金労働は、母国での賃金が低い国からの出稼ぎ労働者が担う。最低賃金がなく、家族を同伴することもできず、時に劣悪な環境に置かれていることもある外国人労働者。シンガポール社会でも問題が指摘されている。

シンガポールでは、ビザの関係で、外国人はその出身国によっておおまかに職業が分かれている。欧州や豪州などの西洋系や日本など先進国からならいわゆる高度人材、バングラデシュなど南アジア方面出身男性は建設や清掃、フィリピンやインドネシアから来ている女性だったら家事労働（住み込みメイド）に従事しているケースが多い。

主に建設現場で働くバングラデシュ人の支援を手がける非営利組織が企画したシンポジウムで、登壇者の一人が言った言葉が印象的だった。

「バングラデシュ人労働者が母国の両親や親戚によく聞かれる質問のナンバー1が、シンガポールってどんなところか。その次に、よく聞かれるのが、シンガポール人の友達は何人できた？　というもの。これには皆、言葉に詰まる」

彼らは5～7年も家族に会えないということもあり、孤独だから、街で会ったら「Hi!」、掃除をしていたら「Thank you」と言ってほしい――。そのように支援団体の代表は言った。

日本の排外主義という課題

早稲田大学教授の田辺俊介氏の「現代日本社会における排外主義の現状」（『排外主義の国際比較――先進諸国における外国人移民の実態』樽本英樹編著、２０１８年）によると、現状の日本では、アメリカ人やドイツ人、日系ブラジル人などに対しては受け入れに賛成の意見が多いのに対し、韓国人や中国人に対しては排外感情が高いという調査結果がある。アメリカの移民経済学者ジョージ・ボージャス氏は、著書『移民の政治経済学』（2017年）の中で、どこの国出身かによって米国内で扱いや見られ方が異なることについて、次のように説明する。

たとえば、社会保障などによって所得が平等に分配されているデンマークやスウェーデンなどで高いスキルを持つ人は、自国よりも、米国に移住したほうが利益を得やすい。そうすると、一般論として、デンマーク人やスウェーデン人の中でも、相対的にスキルが低い人のほうが自国に残りやすく、スキルがある層が移住してくるので、米国側ではこうした国の出身者には「高度人材」のイメージがつく。

これに対して、ホンジュラスやハイチなど所得格差が大きく、低賃金労働者がかなり貧しい生活を送っている一部の発展途上国では、高技能労働者は重宝され、母国を出るインセンティブがない。その反面、低技能者には米国移住のメリットが大きい。そうすると、米国に来るホンジュラス人やハイチ人は、自国に残る人たちよりも低スキルである可能性が高い――。

もちろんこの説明自体が、スキルに対するある種のステレオタイプを再生産している側面もある。が、米国で「デンマーク人やスウェーデン人は優秀で、ホンジュラス人やハイチ人は劣っている」という見方があるとすれば、それは国際的な経済的環境の格差や移民制度が生み出した偏見だとわかる。

こうしたメカニズムを理解しておくことと、偏見が実際に害悪をもたらすことを防ぐためには、①個人の中の偏見を取り除くことが難しくても、それが判断や行動に反映されるのを抑制する、②偏見自体を是正していく、という方法が考えられる。

日本では、国旗・国家を教育の場で教えることを当然と考えたり、戦後教育の見直しを求めたりする方向での愛国心を重視する人ほど、排外主義的な感情が高い一方、民族・文化的プライド（日本の伝統文化、日本社会における公正さと平等、日本のポップカルチャーなどに対して誇りに思うこと）は、他の要因を取り除けば、排外感情を抑制するという研究もある。（田辺俊介、前掲書）。

２０１６年には、主に外国人に向けられた差別的言動を解消することを目的とした、いわゆる「ヘイトスピーチ解消法」が施行されたが、きわめて同質性の高かった日本社会では、多様な人種・文化・宗教に対して、理解を深めて共存する道を探っていく必要がある。

（2）日本のCtoCの残念な実態

CtoCに保育サービスが参入

日本においては、他国との経済格差を利用した、外国人労働者による家事・育児が現実的ではない中、家事や育児、そして教育を外部委託する選択肢として、私は一時期、「CtoCプラットフォーム」について、半分心配をしながら、半分可能性に期待をしていた。

「CtoCプラットフォーム」というのは、従来の家事代行業者やベビーシッター派遣業者とは異なり、隙間《すきま》時間を活かしたい個人と手を借りたい個人をアプリやサイトでマッチングする仕組みで、２０１４年頃に創業が相次いだ枠組みだ。

派遣ではなくマッチングをするのみであるから、サービスに対して法的責任は負わないたてつけとなっている。一般的には大人同士の取引で、たとえばメルカリでは、売った側と買った側が対等の立場で相互に評価をし合い、評価の蓄積で相手の信用を測る。

しかし、モノのやりとりならともかく、家事や育児は対面で提供するサービスで、しかも密室に入るということでハードルが高くなる。

とりわけ、サービスの直接の受け手が子どもや要介護者であるなど、自分で声を上げられない領域に、マッチング型はそぐわないとの見方は根強く、２０１４年3月にベビーシッターによる男児殺害事件（埼玉県富士見市で、インターネット掲示板を介して預かった2歳男児をシッターの男が殺害した）が起こったことは、当然、その議論に拍車をかけた。

あるCtoCプラットフォーム経営者に「ベビーシッターのようなサービスも、いずれプラットフォームでやれるようになるか」と聞いたときのこと。その社長のそれまでのポジティブな態度が急変し、真剣な表情になったのを今でも鮮明に覚えている。

「いや……できたらいいとは思いますが、そもそも対面で提供するサービスには慎重です。子どもの命を預かる領域は、よほどの覚悟がないとできないですね」と彼は答えた。

その「よほどの覚悟がないとできない」領域に、２０１４年7月、名乗りを上げ、株式会社カラーズ（後にキッズラインに社名変更）を立ち上げたのが、経沢香保子《つねざわかほこ》社長だった。

画期的なキッズラインの登場

自身がベビーシッター殺害事件が起こった掲示板の利用者だったという経沢氏は、「本人確認をする」「安心安全のサービスを提供する」と、キッズラインを立ち上げたのだ。

それまでの派遣型の家事代行やシッターは、働き手が家事代行会社やシッター会社に直接雇用されて、ユーザーのもとに派遣されるスタイルが中心だった。

私自身、取材をかねて自腹で複数社を利用したことがある。派遣型では、申し込むと、まず社員がヒアリングなどのために同伴し、働き手はその社員の指示に従って作業をするという形式が中心だ。安心感が醸成される一方で、一度説明をしたり子どもが慣れたりした後でも、同じ人に頼みたいのに指名できるとは限らないという点などが、不便だった。

在宅中にシッターをお願いした3時間のうち、2時間以上子どもがぐっすり寝ているので、洗濯物を畳むなどの家事をお願いできるかと聞くと、「オプション価格がかかるので、本社を通してください」などと言われることもよくあった。

こうした融通の利かなさなどで、シッターや家事代行がいまいち浸透しない中で登場したのが、マッチング型だった。こちらは働き手とマッチングプラットフォームの運営会社に、雇用関係はない。ユーザーと働き手はプラットフォーム上でマッチングされるだけで、あくまで個人間の取引になる。

家事であれば、整理整頓のプロやレストランの元シェフが料理の作り置きをしてくれる、シッターであればバイリンガルシッターに英語も教えてもらうなど、働き手の個性を見て依頼する相手を選ぶことができるのは画期的だった。

定期依頼がしやすい家事代行に比べ、シッターは急に必要になることも多い。２０１５年にサービス開始をしたキッズラインは、女性活躍の呼び声と共働き家庭が増えていくうねりの中で、需要を順調に取り込んでいった。

日本政府もまた、待機児童を抜本的には解消できない中で、幼児教育・保育の無償化など、質の確保や配慮がされているかを審査しないまま、子育て分野へのある意味での「バラマキ」を始める。

ベビーシッターについても、２０１９年10月からは、キッズラインも含むマッチング型シッターが国や自治体の補助金事業の対象になった。

「キッズライン事件」の衝撃

ところが、２０２０年に、この業界の根本を揺るがす事件が起きてしまう。私はその報道の最前線に立つことになったのだが、２０２０年４月、１人のベビーシッターの男が、預かっていた男児へのわいせつ容疑で逮捕されたのだ。

当初社名は報道されていなかったが、同5月3日、『ＡＥＲＡ ｄｏｔ．』が、このシッターはマッチング型ベビーシッターとして最大手であるキッズラインの登録シッターであったことを報じた。

内閣府の補助金対象となるなど、行政のお墨付きも得ているように見え、依頼件数は累計１００万件を突破したと自称し、飛ぶ鳥を落とす勢いだったキッズライン。このプラットフォームでわいせつ事件があったということで、シッター利用家庭の間には衝撃が走った。

キッズライン社は利用者などにお知らせメールや注意喚起をせず、報道で社名が言及されてから、自社サイト上に「お知らせ」を静かに掲載したのみだった。

しかし、じつは、非常に残念なことに、その間にも、別の加害者がキッズラインで預かっていた子どもへの性加害行為をはたらいていたのだ。

被害者の母親が私に個人的に情報提供をしてきてくれたことで、私は2人目の加害者が存在することを事前に報じ、逮捕直後には、母親が被害にどうして気付いたのかや、キッズライン社の対応が後手後手であったことについて詳報を出した。

マッチングプラットフォームは法的責任を負わないとはいえど、ベビーシッターに関しては乳幼児を中心とする子どもが対象になるため、より慎重さが求められることは、２０１４年の事件から明らかであった。信頼性を担保するためには、単にマッチングをするだけではなく、登録時の審査や研修の充実、利用者の評価システムが必要になる。

ところが、その後、キッズライン社が「厳格」であると主張してきたシッターの選考システムが、オンライン化される中で簡略化されてきたことが分かった。

このことを記事にした結果、キッズラインは審査プロセスを改善すると発表。ところが、それでも疑惑は止まらなかった。ある利用者から、シッターの初回の評価をつけるレビューの内容で、似通ったものが大量に投稿されているという告発があったのだ。

公開サイトから閲覧が可能な４０００件以上のデータを分析した結果、オンラインでグループ面接をしただけの内容を、あたかも子どもを預かったのように書くという偽造があったことが分かり、その調査報道記事を出した。

キッズラインはこれについても全面的に認め、私が記事を出すたびに、キッズライン社が改善策についてのお知らせを出すという攻防が続いた。

その後７月に、同業他社であるフローレンスやベビーシッターの有志、被害者の家族などが、厚生労働省でわいせつの再犯を防ぐための法整備を求める会見を実施し、実際に国が行政処分歴などをデータベースに登録するという制度改正につながった。

２０２０年12月になり、キッズライン社で再び、登録シッターたちに義務付けられている自治体への届出提出を確認していなかったことが明らかになった際には、キッズライン社を補助金対象としていたことの行政の責任を問う記事も書くこととなった。

キッズライン事件が残した問い

キッズラインの一連の不祥事が、日本の子育て政策に問いかけるものは多かった。

まず、ベビーシッターそのものに内在するリスクについて。１対１での密室保育のリスクが、集団保育よりも高いことは否定できない。自治体の中には、待機児童対策としてシッター補助を出しているケースもあるが、行政としては、できるだけ質を担保した集団保育を整備するのが先決だ。

もちろん、多児世帯のサポートや、病児保育的な役割など、ベビーシッターにしかできない役割があることも事実だ。親がシッターに任せっきりになるような長時間労働の見直し、在宅勤務の活用などとも連動させながら、リスクをふまえたうえでシッターの活用の方法を考えていく必要がある。

次に、マッチング型をめぐる議論がある。プラットフォーム運営会社は、サービスに対する責任を直接は取らない。運営会社によるサービス提供者への審査や教育は、直接契約や雇用に比べれば簡易で、ゆえに運営会社側のコストを抑えることができ、利益を上げられるモデルとなっている。

キッズラインの場合は、身分確認や審査をしたうえで、サポーターと呼ばれるシッターを登録し、シッティングにかかる費用はシッター自身が決めることができる。利用者は、シッティングにかかった値段の20％（定期利用の場合10％）分を仲介料としてキッズライン側に支払うが、さらにキッズラインは、そのシッターの売り上げから10％を徴収する。つまり、合計20～30％を手数料として徴収している。

このモデルでは、一定のリスクをはらむからこそ、各領域のプラットフォーム運営企業が、評価システムやトラブルを察知するためのテクノロジーに力を入れて、信頼システムを作ろうとしている。しかし、それがキッズラインでは機能していなかった。

もちろん、どんな形態であれ、リスクをゼロにすることは難しい。しかし、少なくともリスクを限りなくゼロに近づける努力は必要だ。その努力は、審査や教育にコストをかけることで実現するはずだが、マッチング型は、審査や教育を簡略化することで、手数料の大半を自社の利益にすることができる構造になっている。

国の保育事業の一環として見ると、果たして、そのように審査や教育にお金をかけない企業を補助金対象にすべきだっただろうか。逆にいえば、審査や教育にコストをかけている企業、すなわち、やはり基本的には自社サービスに責任を取る覚悟のある企業に、補助金を限るべきではないのか。

一連の事件を受けて、補助金事業の要綱に「監視カメラ導入促進」が明記されるなどして、マッチング型への規制は強化されている。また、内閣府補助金事業としてもキッズラインへの監視は強めるという。が、事業者に法的責任を求めていくような仕組みが必要ではないか。最後に、そもそも営利企業が、子育て領域など福祉分野に関わっていくべきかという論点がある。

私は子育て事業を公的機関のみに任せる世界が理想とは思わない。現実問題として、従来、公的な制度であるファミリー・サポート・センターやシルバー人材センター、保育ママ制度があっても使い勝手が悪く、必要なときのサポートに応え切れていないという経緯があるからだ。

キッズラインが親たちの支持を得たのは、多くの地域でシッターを即日手配できる、そのマッチングのしやすさであり、量的拡大を急いだ経沢社長の戦略は理解できる点もある。ベビーシッターという選択肢を日本社会に広めるうえで、キッズラインが貢献した面はある。しかし、子どもの命を預かる保育の領域で、利益を出すことと質の担保をすることは両立し得るのかという問題には、キッズライン問題は禍根を残した。

一連の報道は２０２１年ＰＥＰジャーナリズム大賞特別賞、２０２０年調査報道大賞デジタル部門優秀賞を受賞している。

C to Cをめぐっては、家事代行のマッチングにおいて、働き手側が性被害に遭う事案も発生している。これらをもってC to C全部が信頼できないとしてはいけないのだが、ネガティブな影響をもたらしたことは間違いない。

移民の話もすんなり進むとはいえず、日本における家事・育児の「外部委託」はまだまだ試行錯誤状態だ。

第Ⅳ章

「教育と仕事の両立」とジェンダー平等

2018年にシンガポールで開かれたWOMEN'S FORUM

家庭での役割と、経済のための女性活用による二重役割

2018年、東京医科大学が医学部医学科の一般入試で、受験者側に説明のないまま女子受験者の点数を一律に減点し、合格者数を調整していたことが報道された。

じつは日本でこの問題が明るみに出るはるか前に、シンガポールでは1979年から「女性は病院での夜の業務以外に、妻であり母でもないといけないため、よい医師になることが難しい」と大臣が発言するなどして、NUSの医学部に入る女性を3割に制限していた。

他にも、シンガポールでは、女性公務員の家族は被扶養者医療費優遇が受けられない、シンガポール人女性と結婚した外国人男性は、市民権を取得しづらいなど、男女の政策に偏りがあった（田村 2000）。

日本の女性活躍が、結局、家庭での役割と労働者不足に対応する「活用」で二重役割を押し付けるものであることは批判されてきたが、シンガポールでも、女性活躍が「国の経済発展」のためのプラグマティックな政策として打ち出されてきたことを研究者たちは指摘してきた。

2022年7月8日に殺害された安倍元首相も、2012年末に女性活躍を打ち出したが、経済に貢献するという前提条件のみにおいて活躍を促すことは、女性の人権そのものが守ら

れることを重視する立場からは評価されない。

シンガポールのＮＵＳ医学部での女性の３割枠は、その後２００２年に廃止されているが、廃止も医師不足に対応した決定であり、経済合理性による理由だったとの指摘がある（Kho Ee Moi 2010）。

共働きが前提に見えるシンガポールで、実際に夫婦の役割分担や男女格差はどうなっているのだろうか。女性活躍の推進について、政府の方向性には、日本とも似たようなものを感じるが、シンガポールから学べる点はあるのだろうか。

女性のほうが家事をしている時間が長い

シンガポールの男女賃金格差は、日本よりかなり小さい。フルタイムで働くシンガポール市民の調整前の男女賃金格差は16・３％で、学歴・年齢の効果（１・９％）や職業の違いの影響（７・０％）などを取り除いた調整後の男女賃金格差は６％である（Lin et al. 2020）。

世界経済フォーラム（ＷＥＦ：The World Economic Forum）によるジェンダーギャップ指数（２０２１年）でも、同じ仕事に対する男女賃金格差において、シンガポールは、男性を１とした場合に女性は０・８と、格差の小ささで世界7位に位置づけられている。

それでも、シンガポールの男女格差の要因を検証した量的調査では、学歴の違い、職種の違い（女性がサービス業、教育関係、ケア労働に従事しているのに対して、男性はエンジニアや技術職などが多い）、そして働く時間の違いが、年収に影響を与えていると指摘されている。

とりわけ時間に関しては、日本でも子育て中の女性が再就職する場合、ほとんどがパートタイムの非正規労働であることが知られている。シンガポールでは、ＭＯＭ（Ministry of Manpower：人材開発省）によると、フルタイムで働く１９３万人のうち、44・３％が女性で、一方でパートタイムで働く23万人の63・８％が女性である（２０１７年）。

Glassdoor Economic Research（２０１９年）によれば、シンガポールでは、女性が家庭内の仕事を担っていることから、週あたり44・5時間と、男性よりも2～3時間働く時間が少ない。

なぜ女性のほうが賃金労働をする時間が短いのかといえば、理由はある程度は世界共通で、家庭内の無償労働をしているからだ。シンガポールでも、２０１３年の社会・家族開発省(Ministry of Social and Family Development) による社会態度調査で、「あなたと配偶者のどちらがより多くを担っていますか」に「自分だ」と答えた割合は、「ケア」については、妻が51％に対して夫は４％、「家事」については、妻が59％で夫は３％だった。

つまり、女性のほうがやはり家事や育児を担っている。そして、子どもの教育のために仕事を辞めたり休んだりするのも、ほとんどが女性だ。夫のほうが専業主夫になったという逆転カップルは、私が５年間で取材した中では、中国出身の女性とマレーシア出身の男性のカップル１組のみで、娘が小５～小６の間、父親が主夫をしているというケースだった。

シンガポール人でそうした事例を知っているかと聞くと、ほとんどの人は、「若いカップルはそういうふうになってきているかも」などと言いつつも、「直接の知り合いにはいない」と首を振った。

とはいえ、シンガポールでは「夫はハンズオン（実務に関わるといった意味で、育児の場合は子育てを夫も担っているという意味）」という声もよく聞く。送り迎えを父親がやるというケースは多いし、そもそもやはり日本ほどの長時間労働をしていないので、日本に比べれば父親の家事・育児参加度は高く見える。

シンガポールで「夫は帰りが遅いから」と聞いて、具体的に「何時？」と尋ね、「21時とかになることもある」と聞いたときに、私が「大して遅くないな」と思ってしまったのは、終電で帰れればいいほうという日本の新聞社文化にまだ染まっていたからだろう。コロナもあり、日本でもだいぶ在宅勤務が浸透するなど感覚は変わってきたとは思うが、日本と比べれば一緒に夕食を取ることのできる父親も多い。

しかし、それでも、直接インタビューをしていくと、「うちの夫は何もしない。楽しいことだけ」という話もあれば、「うちの夫はハンズオン」とは言いながらも、具体的な家事・育児への関わり度合を聞くと、週末に公園に遊びに連れて行ってくれることだけを高評価しているというケースもあった。

じつのところ、シンガポール人の男性と日本人の男性とで、そこまでやっている内容が異なるとは思えない。なぜなら、これまでに説明したとおり、家事はメイドに、食事は外食でもいいといったカルチャーがあるゆえに、両親がやらないといけない家事・育児の総量が違うのだ。

つまり、シンガポール人男性はそんなに家事・育児に献身的な人ばかりではないが、同時に、妻が担っている家事・育児の負担もそこまで重くない。母親であっても「仕事が終わった後にジムに行ってから帰宅する」など、メイドや祖父母が夕飯を食べさせてくれることを前提に、自分の時間を確保しているケースもある。

そのため、子どもの教育についてストレスが大きいとの不満はあっても、夫との分担について、不平等という声はそこまで出てこない。そのせいか、夫婦の家事分担問題は、日本ほど激論にならない印象を受ける。

教育は母の役割？

シンガポールで、育児における女性の就労阻害要因が少ないとされる反面、指摘されるのが、学齢期の子どもの教育役割の重さだ。

外注できずに「親」のもとに残る家庭の役割、「教育する役割」についてはどうか。117頁でも触れた調査（Shum-Cheung 2006）によれば、５３３人の親と５３３人の10～12歳の子どもへのアンケート調査で、実際の主たるケア責任者は、共働き世帯が増える中でも母親が圧倒的に多く、次に祖母や家事労働者となり、父親の役割が限定的であること、子どもが7歳以上になると学校のサポートが必要になることから、親（とりわけ母親）の割合が増えていくことも指摘している。

これについて、「東アジア諸国における少子化の国際比較研究――理論的把握とパネルデータによる実証分析」（ＪＳＰＳ科研費　ＪＰ18Ｈ００９３６）の助成を受けて、シンガポールの小学校に通う子どもを持つ親たち約２００名に調査を実施した。

資料6　子どもの送迎をしているのは誰か？

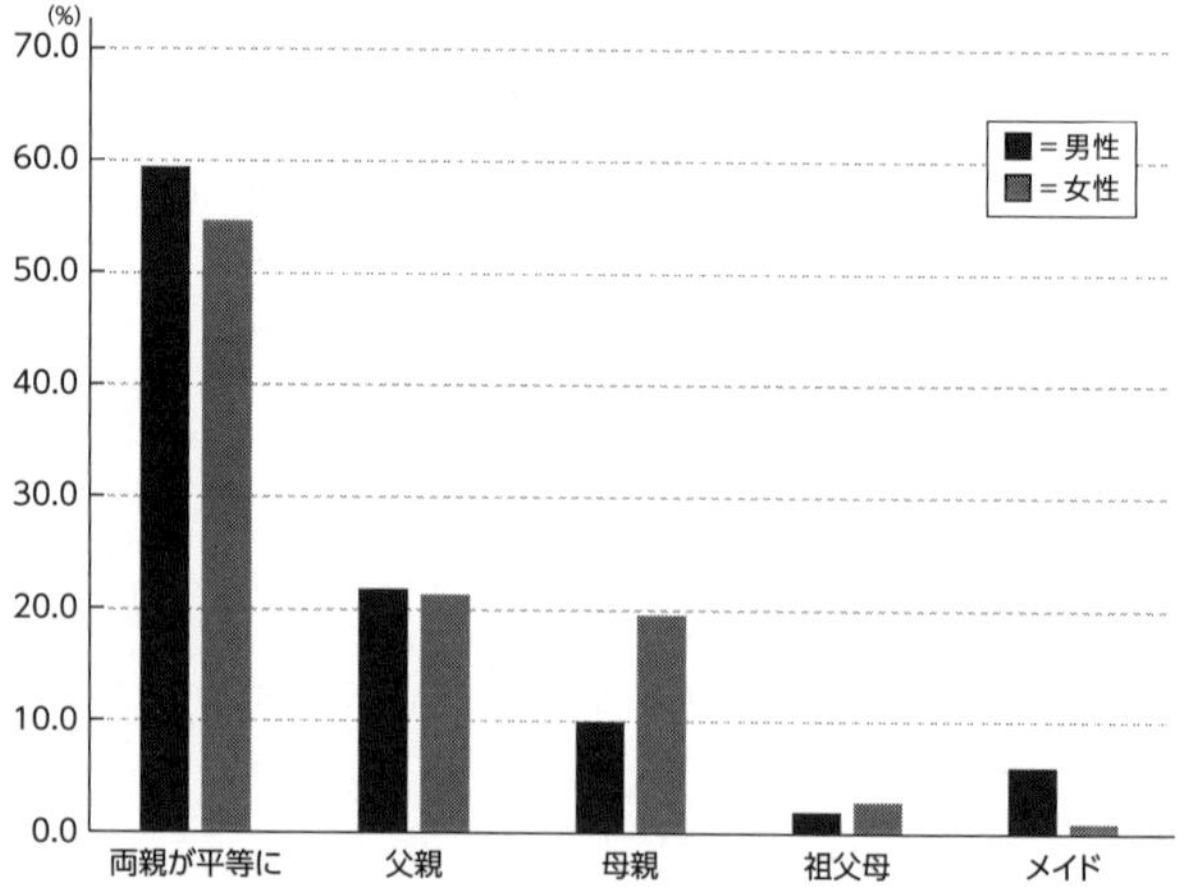

まず、シンガポールの現地校に通う小学生の子どもを持つ親209人（男女はほぼ同数）に聞いたところ、「家族の重要な意思決定」や「子どもの送迎」を主に誰が担っているかについて、父母が共に担うか、父親が担っていると答える割合が男女ともに多かった（**資料6**）。

シンガポールの場合、小学生でも親などが学校に送っていくか、スクールバスに乗って通うのだが、その送迎を担当しているのは57%が「両親が平等に」であった。職場に出勤する途中に両親が共に送っていくというパターンもよくあるし、朝は父親、帰りは母親のように分担しているケースもあるだろう。

一方で「子どもの勉強をみる」「精神的サ

資料7　子どもの勉強をみているのは誰か？

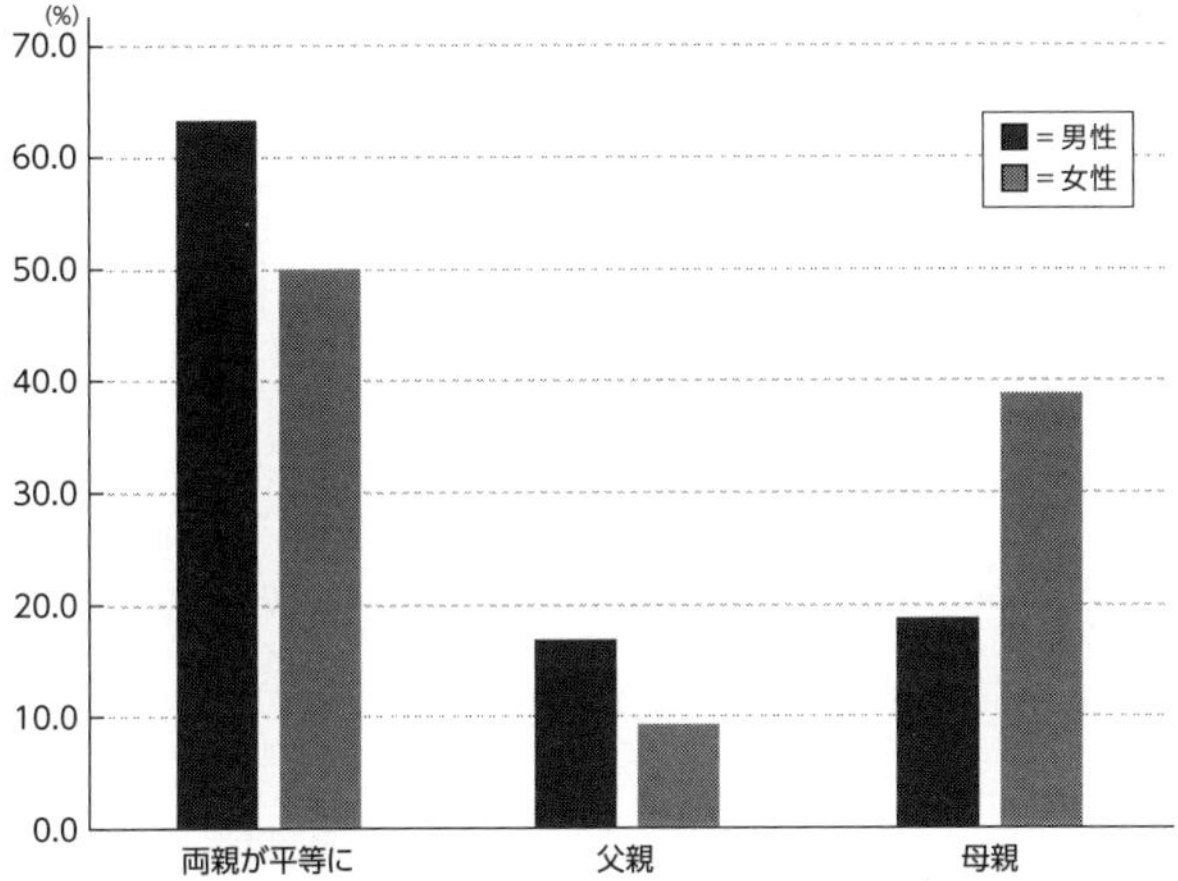

ポートをする」「塾や習い事について調べたり管理したりする」「学校とのコミュニケーションを取ったりＰＴＡ活動に参加したりする」などについては、父母が共に担うか、母親と回答するケースが多かった（**資料7**）。

　興味深いのは、「子どもの勉強をみる」「精神的サポートをする」などについて、回答者が男性の場合、両親が平等に担っていると答える比率が有意に女性よりも高いということだ。

　たとえば「精神的サポートをする」について、両親が平等と答えたのは、男性では69％だが、女性では54％。女性の場合は、母親（自分）が担っていると答える割合が36％で、男性側の認識19％を大きく上回った。

夫婦セットの調査ではないために、同じ夫婦でも見解が分かれているかどうかは検証ができないが、互いに自分の貢献について、相手よりも高く評価をしている可能性があるということだ。

また、グラフでは省略しているが、第Ⅲ章で説明したように、「子どもの勉強をみる」といった教育的な色彩が入ってくると、送迎などで若干役割を担っていたメイドや祖父母は、選択肢にはあるものの、ほとんど回答者がゼロに近くなる。

実際に聞き取りをしていくと、たしかに、子どもが宿題をやっているかを監督したり、子どもの塾選びなどのマネジメント業務は、母親中心になるのだ。

金融機関勤務のエイミーさん（仮名、前出）は、「夫は家族のことを大事にする人」と夫を立てるが、激務のかたわら子どもたちの面倒を自分だけ見ていることについては、掘り下げていくと「夫はたとえば子どもの宿題をみるときに『パパはやり方知らないから』と言って放り投げたりすることがある。私だって知らないけど、学び直しながらやっているのに」とこぼす。

企業内弁護士のベラさん（仮名）は、夫よりも稼ぎが多く、夫のほうが柔軟な働き方をしているにもかかわらず、ベラさんのほうが子どもの教育役割を担っている。私が役割分担の理由を尋ねると、「なんでだろう？ 私のほうが夫よりも子どものことを分かっているし、心配している。強制されているとは感じないけれど、夫がやらないから、結果的に私がやることになる……」と言う。

現在、女性の高学歴化に伴い、同類婚が増え、シンガポールでも、多くのケースで夫婦はほぼ同等の学歴を保有している。母親のほうが低学歴であっても、母親が教育役割を担っているケースが大半だ。父親か母親のうち、より高学歴なほうが子どもを教えるといった「能力」によって教育分担が決められている様子もない。

学業面は母親が担っていても、「子どもにとって、何が善いことで何が悪いことかを学ぶうえで夫の役割は大事」「夫は在宅勤務もできるので、精神的なサポート中心で、私は子どもが育っていくうえで何が必要かを教える役割」など、人生における学びという意味では、夫の役割に言及するケースもあった。

こういった役割分担は、おおむね「キャラクターによるもの」として、夫婦それぞれの個性のうち得意なところを生かした結果、と語られる。でもそのわりには、学業面は母親に大きく偏っていて、あまりにも逆のケースが少なすぎないか。なぜなのか。

教育が母親に偏る理由――1つ目：規範の存在

話を聞いていくと、いくつかの男女差をもたらすと考えられる要因が浮かび上がってきた。1つは、学校の成績を母に帰属させ、子どもの家庭教育の役割が一種の「性役割」になっている実態だ。

投資会社の経営陣であるアメリアさん（仮名）は、超多忙なスケジュールの合間を縫って、インタビューに応えてくれたが、「子どもが落第したら、教師も、友達も、親戚も、ＳＮＳでも、母親の責任を問う」「シンガポールの女性は大変。妻で、母で、働き手で、美しくもないといけない」とため息交じりに早口で語った。

「母親の責任になりがち」という証言は、他の女性からも聞かれた。外資系金融機関に勤める女性も、「私の場合は両親が17～18時までは助けてくれるし、メイドもいるし、夫はフレキシブルな働き方をしていて在宅勤務もできる。私のほうが夫よりも稼いでいる。それでも、子どもの教育は母親という感じはある。成績が悪いとき、先生は母親と話したがる」と話す。

対象者が直接的に「妻は夫を立てるべき」「女は家庭に」といった性別役割分業意識に触れることは、インタビューを通じてほとんどなく、「育った家庭で女の子らしくありなさいと言われたことや、男兄弟とは違う扱いを受けたことはあるか」という質問にも、全員が

資料8　「子どもの成績が悪化すると、周囲の人は母親を責める」に対する回答

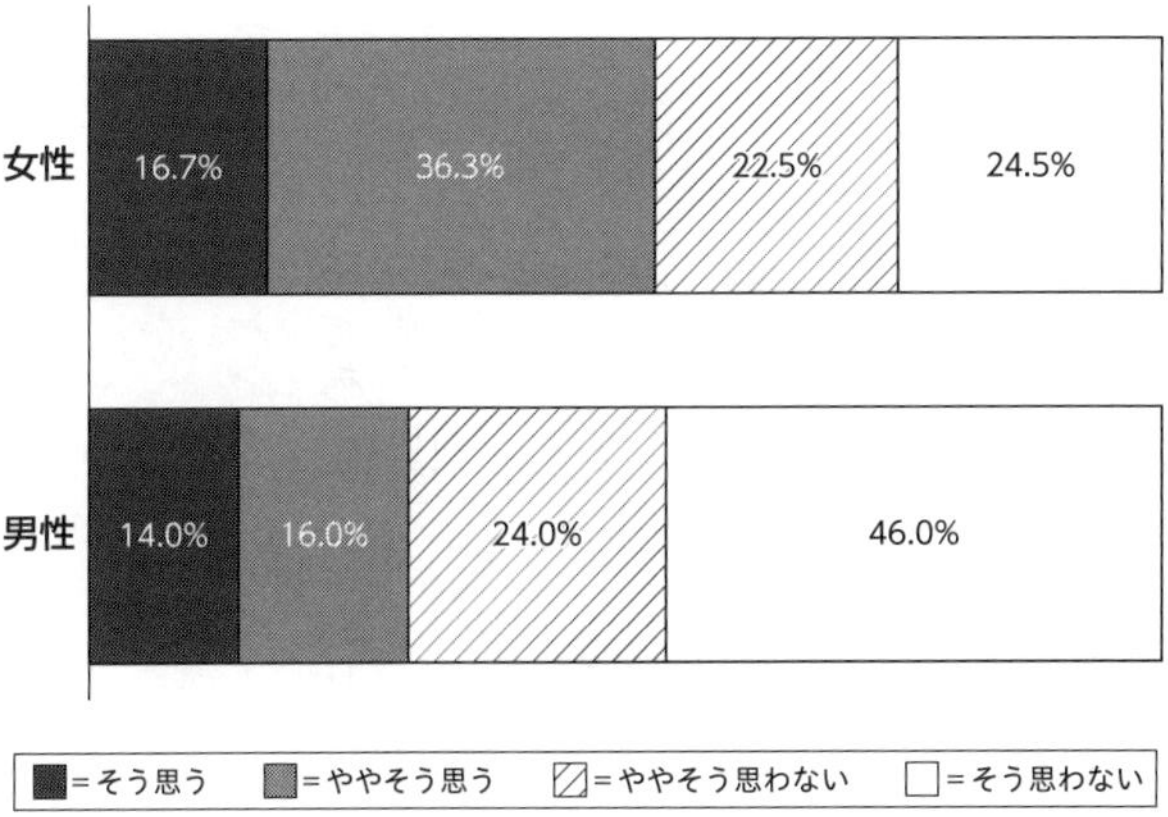

「ない」と答えている。

しかし、子どもの学業面で母親に期待される役割やプレッシャーについては、多くが当たり前のように言及し、調査者が「それは具体的に誰から言われるのか」と聞くと、親族や、学校の教員からも言われるという。

実際に質問紙で調査したところ、「子どもの成績が悪いと母親が責められる」については、母親側は53％が賛成すると回答しており、男性の30％を大幅に上回った（**資料8**）。このことは、母親たちが実際にプレッシャーを感じているのに対し、父親たちは無自覚であることを示している。

シンガポールで物議を醸した動画がある。２０１５年に、「メイドに休みを与えるべき」

ということを伝えるための広告動画の中で、メイドと母親が、自分の子どもの好きな科目や、いちばん仲よしの友達の名前について聞かれ、答えていく。その後に出てくる子どもが言う正解は、ほとんどメイドの答えと一致していて、母親はメイドほど子どものことをよく分かっていないということを伝える動画だ。

ここでは、あくまでも「メイドに任せすぎている」ことを言いたかったのだろうが、それを際立たせるために例に出すのは、母親だけではなく父親でもよかったはずだ。そこで父親の責任は問われない。

少し古いが、１９９９年のシンガポール政府のレポートでは、家庭の役割について、アンケート対象者は「夫が助けたとしても、家庭の責任は妻のものである」に77・８％、「問題が起こったとき、働く女性の最優先される責任は、夫と子どもに対するものである」に90・６％、「妻は夫が許可しない場合、働くべきではない」に64・２％が、強く賛同または賛同している。

一方で、同じ調査で「女性にとってキャリアや仕事を持つことは男性と同じように重要である」にも74・０％、「妻の収入は夫の収入と同じくらい重要である」にも78・７％が賛同しているのだが、それはつまり、女性は経済的な役割も、家庭での役割も、両方やってくれということにほかならない。

　男は外で仕事、女は家庭、と分けることを「性別役割分業」というのに対し、男は仕事、女は仕事と家庭、と二重負担を押し付けられてしまうことは、日本で「新・性別役割分業」と呼ばれてきた。共働き中心になっているシンガポールの女性たちにとっても、役割は二重になっている。

2つ目：保有する文化・社会資本

もう1つ、教育責任が母親に偏る理由としては、家庭教師を探すといったことに、ママネットワーク、口コミがとても重要な役割を果たしているということがある。ある男性は「この情報網に父親が入るのは至難の業だから、妻に任せている」とつぶやいた。

　これについても、質問紙調査では、父親は、両親で平等に、あるいは自分がしていると回答しているが、母親は、母親こそが実施していると回答している人が最も多い（**資料9**）。

　社会学では、親から子どもに引き継がれる様々な価値のことを「資本（キャピタル）」という言葉で読み解くことが多いのだが、金銭的なものを指す「経済資本」だけでなく、子どもの教育で大きいとされるのは「文化資本」と呼ばれるものだ。これは前にも触れたが、自

資料9　子どもの試験のための情報収集をしているのは誰か？

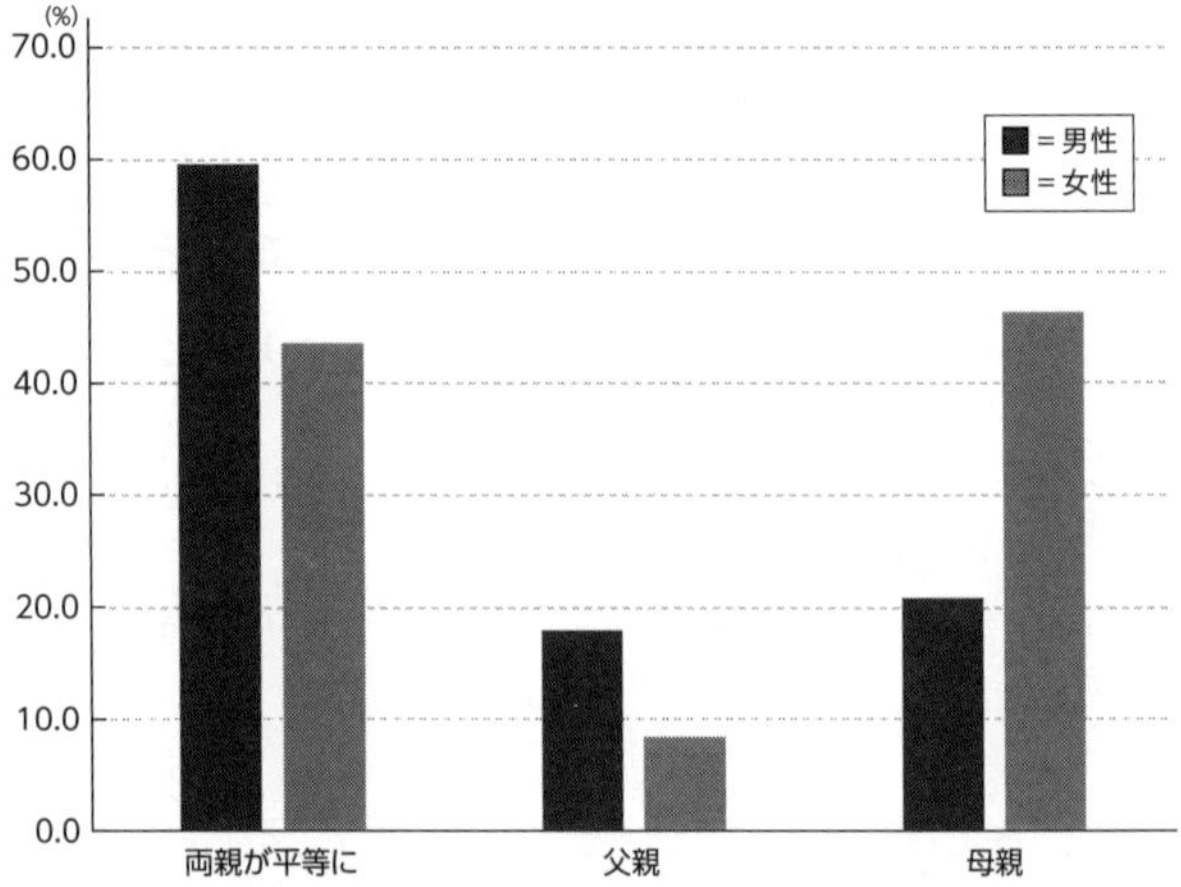

宅に蔵書や美術品がある環境や、親の学歴など、有形無形で子どもに伝わるものを指す。日本では、経済資本は男性が、文化資本は女性が、子どもに引き継ぐという傾向が指摘されている（片岡栄美『趣味の社会学――文化・階層・ジェンダー』２０１９年）。

　さらに、いわゆる「人脈」のようなものなどを指す社会関係資本についても、様々な研究がされており、一般に社会関係資本については、女性は男性に比べ、豊かな社会関係資本から多くの利益を得ていることが指摘されている（杉原　２０１８）。

　これまでの社会関係資本研究においては、女性がケア労働を担うことで、政治的な社会関係資本を構築しづらくなることや、女性の保有する社会関係資本は、自分自身よりも他者のために転換されやすいことが指摘されてきた（O'neill & Gidengil 2006）。

しかしここで、社会関係資本が豊富であればあるほどよいかというと、教育役割について見れば、母親が父親よりも社会関係資本を豊富に有するがゆえに、子どものために時間を使うという役割分担が固定化されている側面もある。

シンガポールにおける、子どもの教育のための情報交換や家庭教師の確保などに使う社会関係資本は、自然に形成されるものではなく、メンテナンスも必要である、つまり労力をかけて獲得・維持するものである。

シンガポールの女性は、日本でも指摘されるように、同じ属性同士のネットワークで支え合っているのだが、ここでの母親の社会関係資本は、ミドルクラスの母親同士が、時に経済資本を転換させながら、個人の利益を最大化させ競争に勝ち抜くための情報や実践をもたらすようなものだ。これは家族の自己責任論、そして教育競争をむしろ強化するような側面がある。

ケアの議論では、時に、母親たちが持っている「母的思考」（Ruddick 1980）はよいものとされるが、それを生かした資本を持っていることこそが、役割を女性に偏らせる要因となっている可能性もある。

このことは、女性のアスピレーション（願望、熱意）を削《けず》り取っている可能性がある。実際に、子どもの教育や子どもと過ごす時間のために、働き方を調整したソフィアさん（仮名）は、「夫がキャリアを追求する人であり、夫婦両方がそれをしたら成り立たない。私は結婚した頃はアスピレーションもあって仕事に意欲があったけど、妊娠してから、ポジションのために戦おうという気はなくなった」と言う。

3つ目：女性にやさしい職場

シンガポールの共働き文化を支える企業文化はどうだろうか。シンガポールの職場は、けっこう柔軟で、日本の企業よりも子育て家庭に理解があるように見える。

職場の環境について、「女性だからという理由で昇進などが不利だと感じたことはあるか」「子どもを産んだ後にマミートラック（産休・育休から復帰した女性が、比較的責任の軽い仕事の担当になったり、昇進や出世コースから外れるような状況になること）に入るなど、扱いが変わることはあったか」と尋ねると、私がインタビューした中ではほとんどすべての母親が、「理解がある会社で自分は幸運」「別に職場で男女差やママペナルティがあるとは感じない」などの答えが返ってきた。不利になったことはないと。

ただし、アンケート調査では、そうとも限らない実態がうかがえるものもある。２０２１年にＳＣＣＩ（Singapore Chinese Chamber of Commerce and Industry）が実施したアンケートでは、40・５％の女性と11・８％の男性が、「ジェンダーが昇進において影響している」と回答しており、「同じ仕事・職位に男女の賃金差がある」という項目にも、女性の59・５％、男性の19・７％が同意すると回答している。

家族やケアのニーズと調整可能な仕事を選ぶという回答は、男性は33・１％であるのに対し、女性では54・１％。リーダーシップや管理職ポジションを目指すという回答は、男性で51・２％に対し、女性は39・１％と、アスピレーションにも差が出ている。

女性のほうが、ワーク・ライフ・バランスを意識して職場選びをせざるを得ず、そのような職場選びをした結果、インタビュー対象者たちは今の職場でジェンダー不平等を感じていないということなのかもしれない。

働く時間にも差がある。前述のソフィアさん（仮名）は、子どもが小学生になってから、週３回を時短勤務にし、「週３は息子と過ごす時間を大事にしている。14時15分くらいに息子は学校から帰ってくるので、毎日宿題を見ている」。

私は『「育休世代」のジレンマ』（２０１４年）で、日本の高学歴女性は、就職時にやる気に満ちあふれていた人ほどハードな職場に入ってしまい、夫も激務なために協力が得られず、結局女性のほうが仕事を辞めてしまうという様相を描いたが、シンガポールでも同じことが起こっている可能性はある。休暇の取り方にも男女差は現れている。

企業内弁護士のベラさん（仮名・前出）は、「ＰＳＬＥの直前の数カ月は、無給の休暇を取って、対策をすると思う。多くの母親がやっている」と話す。このような柔軟な働き方を認めてくれるとは、なんとありがたいことか。

一方で、このように時短や無給休暇を取るのは、まず女性である。「父親が休んだら、パタハラ（パタニティハラスメント）に遭う?」と聞いてみると、「父親が取っても母親が取っても、扱いは変わらないと思う」と皆、口を揃える。でもまず、父親は取らないのだ。

背景として、育児休暇や介護休暇は女性のみで、働く女性を支援する企業に「家族に優しい企業賞」を表彰するなど、両立支援施策は主に女性を対象としてきたことが挙げられる。最近は男性の育休取得についても力を入れはじめ、日本よりは浸透しはじめてはいるものの、政府の目標には達していない。

クレーム申し立てをしない

シンガポールでは、日本でときおり見られる、あからさまな統計的差別（過去の統計データに基づいた合理的に見える判断から結果的に生じる差別）や、男尊女卑はないのかもしれない。しかし、社会には、根深く男女差についての「了解」が根付いているようにも見える。

ある政府機関関係者に、男性は兵役がある分、社会人になるのが遅れて、むしろ女性のほうが昇進に有利にならないのかと質問をすると、「兵役を経た男性と、1年早く働きはじめた女性だったら、兵役を経た男性のほうが成熟していると見られるから採用されやすい」と言われ、隣にいた男性も頷《うなず》いていた。

女性のエンパワメントを目指すある国際会議でも、シンガポールの女性が、「男性にできることは女性だって努力をして準備をしていればできないわけがない」というような主旨のマスキュリン（男性的）な発言をして、拍手喝采を浴びるシーンを見たこともある。

シンガポール政府は様々な形で、働く女性を応援してきた。しかし、そこに透けて見えるのは、男性に合わせるタイプの男女平等と、そうなれない女性に「配慮」をしてあげる優しさだ。

その結果、シンガポールのトップ１００社における取締役の女性比率は18・9％。日本の

12・9%よりはマシだが、4割前後のノルウェーや英国には遠く及ばず、マレーシア（26・5%）などにも見劣りする（2021末のデータ。「Report on Women's Representation on Boards」Council for Board Diversity 2022より）。

日本でも「両立支援」が拡充される反面、女性に優しいことが必ずしも「均等推進」につながってこなかったことを、私は『「育休世代」のジレンマ』などで書いてきた。女性に優しい職場は、結果的に女性のアスピレーション冷却を招いている可能性がある。

ただし、シンガポールで感じたのは、同じように高学歴女性の間で比べても、今のキャリアに対して、日本ほど「勝ち取ったもの」感がないところだ。

どちらかというと、「やりたくてやってるわけじゃない、子どもにもお金がかかるから経済的理由で……」という感じであって、『「育休世代」のジレンマ』に出てきたような、「子どもを預けてまで働くのなら、それなりのやりがいを……」と求める日本の総合職女性たちとは少し感覚が違う。

日本では均等法以降、そもそも総合職女性が少ない中で、家庭を作りながら働き続けることは当たり前に達成できることではなかったがゆえに、2010年代の感覚として、各社、各部署でのパイオニアとなるべく踏ん張ろうと考える女性もいた。これに対し、シンガポールでは、共働き自体は全く珍しくないことも影響しているのかもしれない。

そのため、経済的な要請がなければ仕事を辞める……という人も多いのだろうか。それがシンガポールのキリン型就労率（105頁）を形作ってきたのだろうか？

一生困らないお金があったら専業主婦になりたい……

２０１８年、シンガポールで母親インタビューを始めた頃。当初紹介してもらった女性たちは、大卒のハイキャリアの女性たちだった。

１時間強のインタビューも終盤も近づき、場合によっては許可を得て回していたＩＣレコーダーを切ろうとしたとき、あるいは切った後に、こんなことを漏らす人たちが何人かいた。


「一生困らないお金があったら専業主婦になりたいけどね……」

「高学歴で優秀だからって、働きたいとは限らない。専業主婦になれるものならなりたい。けど、シンガポールで子どもを育てるのにはお金がかかるから、夫１人にそれを背負わせるのはストレスフルすぎる」

「今のプロジェクトが一段落して、夫の仕事が安定したら、専業主婦になるつもり。料理とか私は苦にならないタイプだから」

こちらからすると「こんなにハイキャリアな人が!?」という人が、「専業主婦になれるものならなりたい」とこぼすことは、一度や二度ではなかった。

じつは、育児資源が十分あるにもかかわらず、子どもの教育のために、女性が専業主婦化する……という動きは、韓国や中国、タイなど、アジアの様々な国で観察されている。

日本では、高度経済成長期以降にサラリーマンが増え、専業主婦の全盛期ともいえる期間が20〜30年あったのに対し、急速に近代化が進んだアジアではそのような期間がなく、専業主婦が「憧れ」になっているとも見られてきた。

とりわけ、昨今、家族社会学や教育社会学で指摘されているのは、「教育役割」を担うために仕事を辞める専業主婦の存在だ。中国では、養育は祖父母に任せることもできるが、教育は親がやらなくてはならないという規範、「三歳児神話」ならぬ「小学生神話」があるともいわれる。その中で、家事を担う専業主婦というよりは、教育を担う「専業母」になる女性が増えているというのだ（落合恵美子・山根真理・宮坂靖子編『アジアの家族とジェンダー』２００７年）。

似たような動きは韓国でも見られる。柳采延《リユウチエヨン》『専業主婦という選択――韓国の高学歴既婚女性と階層』（２０２１年）は、従来のように自己犠牲的にではなく、むしろ自身の高学歴を生かし、一種の自己実現として子どもの教育を担う専業主婦像が出てきていることを描き出している。

柳さんが新聞記事や雑誌記事などを分析したところでは、１９９０年代の韓国では、働く女性は義両親からも好意的に受け止められ、家事が免除される様子もあった。

しかし、２０００年代には、むしろ家事は外注したとしても、教育は母親が自ら担うように。子どもの教育には、ホワイトカラーの管理職のような、いわば職業的な価値が見出されていったという。

子どもの教育のために専業主婦になる？

教育競争が激しいことや、前章で触れたキリン型の年齢別就労率のグラフをもって、シンガポールは、典型的に「子どもの学齢期に年齢別就労率が下がる国」として位置づけられてきた。

実際に、シンガポールで高学歴女性向けの再就職支援をしている「Mums@Work」のシヤーリー・トレーさんは次のように話す。

「子どもが小学校に入った頃に、フレキシブルな働き方を模索しはじめる女性が多い。その次は、11歳くらいになるとPSLE（小学校修了試験）のことを考えて、働き方を考え直す。その後また中学修了時、別の試験……と、女性が働き方を見直したり離職したりするタイミングは子どもの試験にかなり連動している。最近はどんどんその年齢が早くなっている感触がある」

女性の離職について、シャーリーさんは、「再就職をしたいなら、あまりブランクを空けないようにとアドバイスしている。40代やそれよりシニアになって、子どもの試験が終わったからと再就職をしようとしても、その年齢だともともとやっていた若手向けの仕事には戻れないので、かなり厳しくなる。だから3〜4年くらいで戻れるようにしたほうがいい」と言う。

しかし、一人っ子であれば数年のブランクでの再就職も可能かもしれないが、子どもが2人以上いて、PSLEと中学修了時試験に寄り添おうとしたら、あっという間に3〜4年は超えてしまいそうだ。

「高学歴の女性は心理学的な発達も考えるし、子どもを感情的にもサポートしたいと考える傾向が強い。子どもの鬱《うつ》や自殺などもあるから。政府も、両親がワーク・ライフ・バランスを取れるように、支援が必要という結論に落ち着いている」とシャーリーさんは話す。

祖父母やメイドなど、他の担い手はいないのかという質問に対しては、前章でも書いてきたが、シャーリーさんも「祖父母はもっと低学歴であることもあるし、メイドは絶対にオプションにはならない。教育レベルが違うから……。社会が高学歴化して、少子化しているから、サバイバルしてくれればいい、単に食べさせておけばいいということだけじゃなくて、子どもと時間を過ごして、“Grow up well”を望むから、母親は家にいたほうがいい、となっている」と話す。

長女に寄り添えなかった後悔

実際に、子どものＰＳＬＥ前に仕事を辞めたという人にも話を聞いた。中華系シンガポール人のリリーさん（仮名、前出）は、次女が小学5年生になった２０２１年、それまで20年近く働いていた建設関係の仕事を辞めた。シニアマネージャーで、「大好きな仕事だった」

と言う。

新型コロナウイルスの感染が広がる前、長女が小学生のとき。娘たちは学校が終わった後に学童に行き、学童が終わる17時半頃にスクールバスで父方の祖母（リリーさんの義母）の家に直行し、夕飯を食べさせてもらうという生活をしていた。リリーさんが義母の家に合流し、娘たちを連れて帰ると、早くて20時半。子どもとゆっくり時間を過ごす余裕はなかった。週末も、スマホに仕事の連絡が入れば対応せざるを得ない。家族と過ごすべき時間に「ちょっとこれやっちゃうから、待って」と何度子どもに言ったか。

それでも長女は、母親が忙しい中、家庭教師や塾のサポートのもと、勉強をした。リリーさんは、忙しい合間を縫って、塾が娘に合っているか、結果が出ているかなどを確認。夫はより柔軟な働き方ができるので、毎週月曜日を時短勤務にして理科を教えていたという。長女は無事に小学校修了試験（ＰＳＬＥ）を乗り越えた。

「後悔しているのは……いや、後悔はしていないんだけど」と、何度もリリーさんは「regret」という単語を口にしては撤回した。

「長女は今、中学校で楽しく過ごしているから、後悔ではないけど、もう少し私が背中を押してあげれば、もっとできたかもしれないという思いはある。小学校5年生というのが、４年生までから大きなジャンプがあって、勉強内容が難しくなるんだけど、それを知らなくて、成績が大きく落ちた」

「もっとできたかもしれない」というのは、もっとＰＳＬＥの点数で上を狙うことができて、もっと評判がいい中学校に行けたかもしれないということ。当時、長女が勉強面で何に躓いているのか、今、何を経験しているのか、その瞬間その瞬間で相談に乗ってあげることができなかった。「それについて罪悪感はある」。

新型コロナウイルスでパンデミックになった２０２０年は、家族全員が家にいることになった。家族の時間を確保できたかと思いきや、「在宅学習になったときは、最悪だった」と振り返る。

「建設関係なので、コロナ禍で緊急の対応が必要になって、同僚はみんな狂ったように働いていた。私もオフィスにいるときよりも家族の顔を見なくなって、仕事が終わるのは22時とか23時とか」

リリーさんは、このときまでに、すでに数年来、仕事を続けるべきか悩んできたという。

次女は小学1年生のときに発達障害の診断を受けていて、読み書きに人よりも時間がかかった。発達障害用のサポートは受けてはいるが、ＰＳＬＥで長女と同じようにいくとは思わない。

「成熟している」長女にさえ、もう少し時間をかけてあげられればよかったという思いがあったうえに、コロナ禍での激務。次女のために仕事を辞めたとは言いたくないが、決断をした。少なくとも次女のＰＳＬＥが終わるまでは仕事はしないつもりだ。

「教育が理由」は本当か

子どもが幼いときに離職し、結果的に塾や習い事の送迎に追われる毎日で、再就職が考えられないという事例についてもこれまで紹介してきた。子どもの教育ゆえに離職する、再就職がしにくい。これが、典型的とされるシンガポールでの離職理由の説明だ。

リリーさんについても、職場環境や次女の発達面の要因もありそうだが、この典型例に当てはまるようにも見える。

しかし、他方で、専業主婦へのインタビューを重ねていくうちに、私は、そこまで教育に熱を入れているようには見えない専業主婦も半分以上いることに気付いた。というか、むしろ教育費を確保するために働き続けているケースのほうが、教育熱心に見えることもある。

「子どもの教育のために辞めた知り合いはいる？」と紹介を頼むと、「いっぱいいる！」と言われるにもかかわらず、実際に紹介してもらって話を聞くと、当人は必ずしもそのように理由を説明するわけでもなければ、実際に子どもの教育にそこまで時間を取られているわけではないということがある。

また、「専業主婦になれるものならなりたい」という人たちの中にも、なぜそう思うのか、専業主婦になったら何をしたいのかと耳を傾けていると、じつは「しっかり寄り添って勉強を見てあげたい」というケースはほとんどいない。彼女たちが口にするのは、むしろ「子どもと時間を過ごしたい」というものだ。

この「子どもと向き合いたい」「子どもとの時間が欲しい」という語りは、ワーキングマザーが増えてきた社会で珍しいものではない。

アメリカの社会学者アーリー・ラッセル・ホックシールドは、『タイムバインド――不機嫌な家庭、居心地がよい職場』（２０２２年）で、母たちには第一のシフトとしての「お金を稼ぐための仕事」に加え、第二のシフト（セカンドシフト）としての「帰宅後の家事などの仕事」、そしてさらに子どもとの時間の「埋め合わせ」をする第三のシフトが生まれていることを指摘する。

私も、『なぜ共働きも専業もしんどいのか――主婦がいないと回らない構造』（2019年）で、日本で子どもが幼稚園に通うぐらいの年齢になって、「寝る直前まで両親のどちらも帰ってこないような生活を続けて、この子はちゃんと育つのか」「本を読んであげたり手遊びをしたりとか、子どもが質問することに丁寧に答えてあげたり、実際に見てあげたりとか。そういうことに付き合ってあげる余裕を持てたらいい」と苦悩する共働き母の声を紹介してきた。

しかし、シンガポールで専業主婦に話を聞くうちに、気付くことがあった。「ご自身が育った環境」を聞いたときに、一部の人たちは、当時の共働き家庭で育ったことに、よい思い出を持っていないということだ。

親族による育児

前章でも紹介したが、『親密圏と公共圏の再編成――アジア近代からの問い』（落合恵美子編著、2013年）などでの比較を参照すると、シンガポールは、中国やタイに比べ父親の参加が少ない反面、親族、家事労働者、施設と、育児資源は豊富にあることが分かる。

資料10　落合（2013）による子どものケアをめぐる社会的ネットワーク

	母親	父親	親族	コミュニティ	家事労働者	施設（3歳児対象）
中国	A-	A	A	B	C 大都市：B	A
タイ	A-	A	B	B	C	D
シンガポール	A-	B	A	C	A	A
台湾	A-	B	A	?	B	C
韓国	A+	C	B	B	C	C
日本	A+	C 共働き：B	C 共働き：B	B	D	C 共働き：B

「中国などでは、子どもを田舎の祖父母に育ててもらい、若い夫婦は都会に出稼ぎに出るのが普通」。このような話を聞いたことがあると思う。日本は「母親がすべて自分の手で」やらないといけないという規範が強すぎるという文脈においては、親族ネットワークが育児を支えてくれる環境は、むしろ望ましいものとして語られる。

シンガポールは都市国家であることもあり、「子どもを田舎の祖父母に育ててもらう」ことをしなくても、祖父母がほぼ近くに住んでいるというメリットがある。メイドにすべてを任せられないから、祖父母も、メイドもいるという環境も珍しくなく、祖父母が共働きの強力な味方であることは間違いない。

実際、現在30～40歳台のシンガポール人の子ども時代を振り返ってもらうと、家族総出でホーカー（屋台）をまわすなど、忙しい共働きの両親を持ち、「親族ネットワーク」に育てられた人は多い。「祖母の家でいとこたちが皆一緒に育てられた」「同じＨＤＢ（公共団地）の別の階に、祖父母とおばの家族がいて行き来をしていた」など。母方の実家であることが多いが、父方のケースもある。

しかし、このような育てられ方をしたシンガポール人の中には、自分の親族を非難するような表現にならないように気を遣いながらも、「自分の両親が自分を育てたような方法で子育てをしたいと思うか」という質問には、「Definitely NO（絶対にノー）」と語気を強めて否定する人が珍しくないのだ。

午前5時に起きておばの家に

エスターさん（仮名）は、10歳ぐらいまで、妹と共に、学校がある日は学校からおばの家に帰り、学校が休みの日も毎朝5時半頃に起きて、おばの家に預けられた。

「おばには4人の子どもがいたので、おばの家に私たちがいるときでも、私と妹にはそんなに関心を払わない。それにおばもお金持ちではないので、ごちそうがあったら、自分の子どもに先にあげる。子どもの頃は、公平じゃないなと思っていた。自分が子どもを持ったら、自分で面倒を見たいと思った。そうすれば……いちばんいいものを、自分の子どもたちに持たせられるから」

エスターさんはこのような経験を総括して、「私の子ども時代は悪くはなかったけれど、それでも私はいつも、おそらく母親に家にいてほしかった」と言い、第一子出産時には夫と話し合いのうえ、教師の仕事を1年間休職した。

「子どもの頃、私たちはすごく早起きをしなければいけなかった。学校がないときも、おばの家に行かないといけなかったから。私が自分で子どもを持って、チャンスがあるのなら、子どもにはもっと快適な生活をさせてあげたいと思った。愛を感じて、もっと快適だなと感じられるように。子どもたちが、誰かの家に行ってその日のうちに帰って来るだけのために、午前5時半とかに起きなくてもいいように。あと、おそらく、同じくらいの年齢のいとこがいたので、ちょっとした競争があって。学校の結果とか……そういうのも全部（自分の家で見れば）避けられるかなと」

フィオナさん（仮名）の経験にも、似た点がある。

「覚えているのは、子ども時代は、そのときによって違う人たちに見てもらっていたということ。就学前は、祖母。小学生のときは、母は私をおじの家に連れて行った。学校に近かったので。小学2年生で自分の家に引っ越したけれど、そのときはまだヘルパーがいなかったので、ゴッドマザーのところに預けられた」

「この頃も家に帰るのは週末だけだったのを覚えている。それから学校が長期休みのときは、おばの家に。長期休みも母は私たちの面倒を見られなかったので。家に帰るのは週末だけ。私たちきょうだいが同じ親戚の家に泊まることもあるけれど、ときには私と兄がおじの家で、弟は祖母の家だとか、あるいは私と弟がおばの家で、兄はおじの家というときもあった。きょうだいが引き裂かれるみたいな感じだった」

フィオナさんはこの経験で、「いつも違う人たちの家に行っていたので、不安感が強くて、家が恋しかった。母が私を家に連れて帰ってくれることを願っていたときがあった」と言い、心理的に問題を抱え、ティーンエイジャーのときに、克服するのに何年もかけたという。

「中華系の家族って……私の親戚、両親、おば、祖母は古い世代なんです。彼らは愛情深いタイプではないというか、基本的に提供するのは物理的なケア（physical care）なんですよ。1人か2人のおば以外は、あまり『愛しているよ』とか『あなたのことを気にかけているよ（care for）』ということは言わない」とフィオナさんは語る。

文化的な要素もあると解釈しながらも、「でも両親が貧しくて、そうしたかったわけではないのは理解できる。でも私自身の経験から、子どもたちの周りにいることが大事ということを学んだ」と、現在の自分の専業主婦の意味づけを語る。

フィオナさんは、2人目の子どもを産んだ後に、ソーシャルワークの仕事に一度復職したが、パートタイムとはいえ「実質的にはパートタイムじゃない」「何かあれば飛んでいかなければいけなくて、柔軟な働き方はできない」と専業主婦に戻っている。「すごく意義のある仕事だけれど、私のキャリアは犠牲にすることにした」。

親が共働きであったことも「普通（共働きをしようとしたら）両親の助けを得るけど、私の母は私たちを育てていないので、できない。義母も孫育てをするタイプじゃなかったから選択肢はなかった」と、自分が共働きを選べなかった理由として挙げていた。その後、3人目を妊娠し、現在は5児の母である。

祖母の家で数人のいとこと一緒に育てられたというケースは多いが、シンガポールの言語政策の影響もあり、祖母が話すのは中国語の方言、子どもが学んでいるのは英語とマンダリン（北京語）……と、コミュニケーションがうまく取れないというケースもあった。

何度か出てきている専業主婦のキャサリンさん（仮名）も、「友達の家に遊びに行くと、お母さんがいて、今日はどうだったとか話を聞いてくれて、いいなと思っていた。祖母は方言しか分からないから、私に学校の様子を聞いてくれることとかもなかった」と話していた。

ここでコメントを引用した人たちは、全員専業主婦になっている。ほとんどが高学歴で、夫も同じ大学で出会ったなどで高収入であるため、経済的に余裕があるというケースが多いが、中には夫は平均的な収入で4〜5人子どもがいるものの、塾や習い事、メイドなどにいっさいお金をかけずに、家族で暮らす生活が満足だと言う人もいる。

語りにくい過去

アジアの子育ては、時に親族ネットワークによって支えられているからということで、日本よりも孤立しづらく、葛藤がないなどといわれる。「親の手で」という規範がなく、祖父母に子どもを預けて出稼ぎをすることもできる、と。しかし、それは、子どもにとっても理想的な形だっただろうか。

もちろん、親族ネットワークに支えられた結果、自分が親になっても前向きに共働きを選び取っていくというケースもある。しかし、共働きの親に育てられた子どもたちが親になったとき、その親には子育て経験がなかったり、いまだに現役で働いていたりして、子育ての手助けを借りられないこともある。こうして共働き世代の反動としての、専業主婦世代が出てきている可能性がある。

彼女たちは、親の時代、状況がそうせざるを得なかったことも理解している。親と軋轢《あつれき》があっても今は和解している人が大半で、「そうはいっても親はケアしてくれていたけど」「感謝している」と口にする。

ある人は、このインタビューは記事掲載や論文執筆時には匿名で行われるということを事前に説明していたが、子ども時代の苦い経験を語るうえで、「これは私とあなたの間の話ということでいい？　名前をどうしても出さないといけなかったら、（ファーストネームではなく）よくある名字だからMrs.○○にしてもらえる？」と、個人の特定を避けてほしいと確認をしてきた。

元から完全に匿名のつもりだと言うと、安心したようだったが、実際には彼女の話は、私が他の何人からも聞いていた話に重なるもので、とうてい個人が特定されるようなものではなかった。それでも、友人や親自身が記事を読む可能性をふまえると、自分がそのようにネガティブに子ども時代を振り返っていることを知られたくなかったのだろう。

そのような、時に「言いにくい過去」が、階層移動をした彼女たちに、「自分の子どもには同じような想いをさせたくない」「自分は母にいてほしかったから、今、私は子どもといてあげたい」と思わせたとしても不思議ではない。

もちろん、反面教師にするというのであれば、専業主婦家庭で育った女性たちが、専業主婦にはなりたくないと考えて共働きを目指したケースも多くあると考えられる。

しかし、祖父母など親族に任せることができ、「自分の手で」規範が弱く、親に「両立」の葛藤が少ないとされてきたアジアの子育ては、本当に葛藤をもたらさなかったのか。

その子育てで育てられた世代には、「自分の手で」の意識が滲《にじ》む。なぜならそこには、必ずしも幸せな子ども時代がなかったから。それこそが、アジアの女性たちの専業主婦への憧れの正体ではないだろうか。

共働きの不都合な真実

両立支援策が整っておらず、祖父母や親族のネットワークが何とか共働きを支えていた時代。その反動で、今の親たちは、できれば子どもの近くにいてあげたいと願う――。日本でも、「祖父母任せにしたくない」「自分で見たい」という親たちが出てきていることは、『「育休世代」のジレンマ』（２０１４年）でも書いた。

母親が教育熱心になる理由の１つに、受けられなかった教育を受けさせたいと願う「補償仮説」というものがあるが（柳　２０２１）、当事者たちの語りを聞けば、それは世代間の教育の補償ではなく、親子の時間の補償ではないだろうか。

親たちがハードモードの共働きであると、反動として子どもたちは専業主婦志向になる可能性がある。このことは「共働きの不都合な真実」だと、私は思う。

育児資源がどれだけ豊富で規範が薄くても、そこでの子どもの体験が豊かでなくては、次の世代の規範を保守化させる可能性がある。

この矛盾をもたらしている背景には、シンガポール政府の方針もある。１９９０年代から、欧米的価値の浸透によって政府批判が増えたことに危機感を募らせ、忍耐や規律、愛国心などのアジア的価値が忘れ去られることを不安視し、「家族の絆」を強調するようになった。

京都大学の落合恵美子教授は、シンガポールのことを、市場で購入するケアサービスがベースとなりつつも、その費用負担が家庭にかかってくることから、「自由主義的家族主義」であるとし、保育施設などの整備が、女性や家族の福祉というよりも、国力発展のための経済政策の一環として行われている点は、開発主義的側面もあると指摘している（落合 2013）。

第I章でも紹介した『This is What Inequality Looks Like』などの著作がある南洋工科大学のテオ准教授は、シンガポールでは「文化としての新自由主義」が根付いており、個人化した競争という近代化と、集合的に家族の「Well being」を目指す伝統の対立した価値が同時に存在すると指摘する。

しかし、教育においては、この2つの対立した概念は、子どもの教育を「家族責任」とすることで、対立するどころか、密接につながっているのではないだろうか。子の教育が親の責任であることは、「老親扶養法（the Maintenance of Parents Act）」のような親と子を接続させる仕組みと無関係ではないだろう。

介護や保育を外部委託できるような国においても、新自由主義下で福祉がワークフェア

（社会保障給付を支給する際に、その代わりに受給者に就労を義務付けること）を前提としていれば、競争と評価の対象となる商品としての労働力の価値を高めるために、教育は欠かせないものとなる。

個々人が「価値ある人的資本」になることを目指す必要があれば、そのための教育は、各家庭で非常に重要なものになる。とりわけアジアにおいて、それが結局、母親の責任となっている現状をふまえると、家庭内のジェンダー平等について国際比較などをする際、学齢期の子どもの教育をめぐる競争の様相と担い手を考慮する必要があるだろう。

ケアの領域では、誰かに依存しなくては生きられない存在に対して、その責任が私事化され家族に割り当てられたとき、ケアの担い手はケアを行うことで人や社会的資源に頼らざるを得なくなることを、ファインマン（２００４＝２００９）は「二次的な依存」と呼ぶ。ファインマンは、ケアを引き受けることを「個人の選択」としてしまうと、その選択が前提としている社会的条件が見落とされてしまうとしている。

母親たちが我が子の教育を引き受けるというのは、場合によってはエゴイスティックな選択と見えるかもしれない。それによって制約を受けることに対して、教育の場合には、少なくともケアの場合よりは、同情されにくいことは間違いない。

しかし、母親たちに、我が子の教育を引き受けない自由はどれくらいあるだろうか？　それは、その親子が置かれた社会の文脈にもよるのではないか。

教育において顕著な「家族主義と新自由主義の接続」

新自由主義についての著作を多く持つウェンディ・ブラウンは、『いかにして民主主義は失われていくのか——新自由主義の見えざる攻撃』（２０１７年）の中で、ケアの供給と責任を念頭に、家族主義は新自由主義的民営化の本質的な必要条件となっており、「女性が人的資本のための基盤」となることによって、ジェンダー問題は新自由主義によって強化されたと指摘する。

家族主義と新自由主義の接続は、ケアよりも教育においてこそ顕著ではないだろうか。ミドルクラス以上の教育熱心な親が、教育に時間や労力をかける現象は、国全体の新自由主義的な方向性や、社会投資アプローチと接続することで主流化すれば、少子化や女性の指導的地位達成においての国の根幹の問題となり得る。

教育の競争が激しく、その責任や負担が母親に偏り続ける限りにおいては、その狙いそのものの是非は置いておいても、本当の意味で経済発展に女性の労働力をフル活用することも、根幹としているメリトクラシーも、実現しているとはいえないのではないか。

日本においても、教育がどんどん自己責任のように扱われ、親たちが躍起になる。その中で、ここまで見てきたような「共働きからの反動としての専業主婦化」は、今後日本でも見られる可能性があるかもしれない。

教育競争があれど、むしろシンガポールのほうが、失敗しても食いっぱぐれないための仕組みづくりは整備している側面もある。日本の中学受験の熾烈さなどを見ていると、正直にいって、シンガポールのことを「極端」ともいえなくなる。

ましてや女性の管理職割合、男女賃金格差など、あらゆる指標で見劣りする日本は、自分たちよりうまくいっている国でも発生している問題について目を背けず、その課題先進国から学ぶ必要もある。「子育てと仕事の両立」問題が解決しても、ミドルクラスの家庭には、「教育と仕事の両立」の壁が立ちはだかりそうだ。

メリトクラシーの矛盾

シンガポールは、これまで見てきたように、メリトクラシーを通じた国の統治と経済発展を目指し、教育に力を入れてきた。しかし、現在の教育システムは、本当の意味で「属性主義」ではないとはいえない。

シンガポールでは、妊娠したとたんに、評判がいい小学校があるエリアの家を買ったという話をよく聞く。小学校はすべて公立だが、小学校を選択する際に、父母やきょうだいが卒業生であることや、家から近いことが優遇される。

「ペアレントクラシー」（Brown 1990）という言葉も使われるが、親の階層が子の教育達成に影響する現象は、シンガポールでも進行している。つまり、親がどのような家庭教育を行うか、あるいは、どれだけの費用をかけて外注できるかということが、子どもの将来に影響し、階層が固定化されてしまうということだ。

さらに、メリトクラシーの階段を上っていく手段としての教育は、その費用負担の重さが少子化の原因として指摘される要因にもなっており、そして親のジェンダーにまで目配りをすれば、平等に機能しているとはいえない状態だ。

一人一人の親が、子どもに投資しようと考えることは、私は止められないと思う。問わなければならないのは、個々人の行動ではなく、個々人にそのような行動を起こさせる構造ではないだろうか。

日本の塾から始まる受験ゴール化／エリートカルチャー

広がる偏差値至上主義への懸念

約20年前、私は東京大学に入り、大学入学を学びの入り口ではなく、ゴールであるかのようにみなしている人の多さと、一方で、入学後すぐにダブルスクールをして大学外で次の目標に向けて勉強をしはじめる人の多さに愕然《がくぜん》とした。医師になりたいとか医学への関心からではなく、「最難関だから」という理由で理3（医学部）に入学してきたという人たちに出会うたび、絶望的な気分にもなった。

もちろんそのような人たちばかりではないこともゆくゆく分かっていったし、入学時にはそのような傾向があっても、在学中や卒業後の様々な出会いにより変化していく人もいる。それに、そもそも、自分自身に全く偏差値至上主義的な価値観がなかったかというとそうとも言い切れないし、やりたいことがなければ難関校を目指しておいたほうが、のちの選択肢が広がるというような考え方も理解はできる。

しかし、東大が点数や偏差値至上主義で競争してきた人たちによるコミュニティとなっていること、そのような環境を当たり前と捉えて社会に輩出されていくことは、年々問題視されはじめている。
藤井総長は2022年4月、入学式の祝辞でこのように述べた。

「ケア」に関して、政治学者のジョアン・トロントは、『Who Cares?』という秀逸なタイトルの本を著しています。「Who cares?」は、直訳すれば「ケアするのは誰か」という問いかけですが、英語圏の日常会話では多くの場合「知ったことか」という切り捨ての意味で用いられます。この「そんなことは知らない、ケアなどするものか」という姿勢が、尊大なマジョリティやエリートの中に蔓延しがちであること、「自分たちが社会から自立して存在しているのだ」と考えるような危険なものであることを、トロントは批判的に指摘しています。その意味で「ケアレス」とは、単なる不注意によるミスなのではなく、関わり合わないと決めてしまっているがゆえの鈍感さや傲慢さなのではないか、常に自省が必要です。

この数年前、上野千鶴子名誉教授も次のように挨拶している。

あなたたちはがんばれば報われる、と思ってここまで来たはずです。ですが、冒頭で不正入試に触れたとおり、がんばってもそれが公正に報われない社会があなたたちを待っています。そしてがんばったら報われるとあなたがたが思えることそのものが、あなたがたの努力の成果ではなく、環境のおかげだったことを忘れないようにしてください。あなたたちが今日「がんばったら報われる」と思えるのは、これまであなたたちの周囲の環境が、あなたたちを励まし、背を押し、手を持ってひきあげ、やりとげたことを評価してほめてくれたからこそです。世の中には、がんばっても報われないひと、がんばろうにもがんばれないひと、がんばりすぎて心と体をこわしたひと……たちがいます。がんばる前から、「しょせんおまえなんか」「どうせわたしなんて」とがんばる意欲をくじかれるひとたちもいます。

　あなたたちのがんばりを、どうぞ自分が勝ち抜くためだけに使わないでください。恵まれた環境と恵まれた能力とを、恵まれないひとびとを貶めるためにではなく、そういうひとびとを助けるために使ってください。そして強がらず、自分の弱さを認め、支え合って生きてください。女性学を生んだのはフェミニズムという女性運動ですが、フェミニズムはけっして女も男のようにふるまいたいとか、弱者が強者になりたいという思想ではありません。フェミニズムは弱者が弱者のままで尊重されることを求める思想です。

東大の祝辞でこのような言及がされる背景には、マジョリティ側にいる人たちのカルチャーが問題視されはじめているという変化がある。努力をして試験に受かった結果、高い地位に就くことは当然と捉える人たちは、そこに至るまでどれくらい自分が「ケア」をされたかということに、思いが及ばない。

努力できる環境自体が、恵まれたものであるにもかかわらず、「低学歴の人は勉強しなかったのが悪い」という自己責任論も押し付けられがちだ。これはシンガポールにも日本にも共通する、ネオリベ・メンタリティだ。

他者より「できる」こと、賞賛……という蜜の味

このメンタリティが、いったいどう醸成されてしまうのか。その答えの片鱗《へんりん》を見た気がしたのは、日本に帰国して、中学受験を経験したり控えたりしている母親たちにインタビ

ューをし、塾の説明会や授業見学をして回っていたときだった。

成績優秀な子どもを持つママ友たちの言葉を思い出す。

「なまじ成績が上がると、御三家行くんだとか言い出す」

「いちばん難しいところを受けたいと本人が言ってる」

2人の全く別のママ友からこのような話を聞いた。子どもたち自身が、モチベーションを、点数を上げること、順位や偏差値を上げることに置いている。塾が楽しいという子の中には、点数で序列化されることをゲーム的に捉え、他者を打ち負かすことの楽しさを覚えている子もいるのではないか。

中学受験をさせる親の中には、公立不信からという親もいるが、「学校はつまらない、塾では褒められるから楽しい」と子どもが言うからというケースもある。でも中には、果たしてそれは学びの本来の楽しさだろうかと思うような方法で「教育」をしている塾もある。

他者よりもできること、賞賛による喜び。小学校ではあまりにも「出る杭は打たれる」

状況にあるということが背景にあるにしろ、このような競争の蜜の味に、子どもたちは慣れすぎていないだろうか。

日本はシンガポールに比べると、入試問題が多様で、また、それに対応するためというところもあるが、塾が圧倒的に組織化されている。一方で、習い事などの「新しい能力」の競争の在り方は、よい意味でシンガポールほど合理化されていないようにも見える。

それでも、シンガポールの様相は、日本の中学受験をする層の状況にかなり近いと思う。日本でもほとんどの親は、「こんなに小学生のうちから勉強ばかりさせたくない」と考えてはいるが、年々低年齢化する塾通いや、難しくなっているとされる入試問題に対応せざるを得ないと考えて行動し、それがまた競争を激しくさせている。

シンガポールのミドルクラスが「ブランドスクール」にこだわる以上に、日本のある層では東大信仰や偏差値至上主義も強いように思える。

子どもたちは、成績がよければ勲章のように「より難しい」学校を目指し、親たちは色めき立つ。もちろん、全員がそうではないだろうし、より難しい学校に入れれば、同じような考えや学力を持つ仲間が得られるメリットはあるだろうが、その子に本当に合っているか、本当にいい学校なのかを見ているか。

子どもを損なう塾カルチャー

そして、それ以上に問題だと感じるのは、塾のカルチャーだ。「入試そのものよりも、塾の試験でクラス替えがあるのが本当に嫌で、終わってほっとした」「中学受験がというよりも、塾が嫌いだった」。複数の中学1年の女の子の母親から聞いた、受験を終えた娘たちの言葉だ。

ある女の子は大手塾で、間違った回答を講師に「〇〇さんはこんな解答をしています」と晒され、笑われたことがトラウマになり、塾に行けなくなったこともあったという。

私が見学した塾でも、見学者がいるにもかかわらず、まだおそらく志望校もかたまっていないであろう小学4年生に対して、「難関校がさ、こんな単純に解ける問題出すと思うわけ?」「早くしろよ!」「宿題ひっでーなぁこれ」といった叱責が中心で、子どもたちが1時間の間、一度も笑顔を見せずに萎縮しているように見えた塾もあった。

中学受験はゴールではなく、その後も人生は続く。「自主性を重んじるタイプの学校だとさぼってしまうとか、難関校にぎりぎりで入ってしまって、ガタガタと成績が落ちていくとか、心配は尽きない」(高2、中2、小3の母親)、「中2から中3にかけて、生きる意味を感じないという感じになってしまった」（現在大学1年生の男の子の母親）という話も聞く。

にもかかわらず、中学受験で、成績がいいことが偉いという価値観が叩き込まれ、偏差値の高い学校ほど目指すべき目標のように語られる。勉強ができないやつはクズだカスだという価値観を刷り込まれたら。

「そこで挫折してしまった子への影響が心配」「必ずしも努力が成果につながらないので、自信喪失につながる」という声があるのはもちろんだが、私はそこで成功してしまった子のことも十分心配だ。

近年、偏差値至上主義、能力主義信仰は、知らず知らずのうちに差別的言動につながることも指摘されている。ある人が集団に属していることを理由として、日常的な何気ないやりとりの一瞬の中で受ける中傷的メッセージのことを「マイクロアグレッション」と呼ぶ。

『日常生活に埋め込まれたマイクロアグレッション――人種、ジェンダー、性的指向：マイノリティに向けられる無意識の差別』（デラルド・ウィン・スー著、2020年）は、「人種／性別なんか関係ないよね」というふうに、そこに差異があるにもかかわらず目を向けないことや、すべてのグループは成功する機会を平等に与えられていて、成功も失敗も、能力や努力など個人の特性の結果だとみなす能力主義信仰も、マイクロアグレッションの1分類であるマイクロインバリデーションであると指摘している。

営利企業である限界?――塾は教育機関たり得るか

受験塾は、差別とは何かなどを考えてくれる「教育機関」ではない。大手塾は難関校に何人合格者を出したかを追求する営利企業だ。それでも、低年齢化により、場合によっては小学生である間ずっと、毎週、放課後に晒される場であり、そこでの価値観や雰囲気は子どもに影響を及ぼす。

実際に受験を終えた親子へ取材したり、複数の塾を見て回ったりして、1つ言えることは、受験はするにしても、塾に通うことにするにしても、どの塾にするのかは、絶対にそのカルチャーを見て選んだほうがいいということだ。

中学3年間、ないし中高6年間を過ごす学校選びは、気合いを入れて説明会を予約して選ぶ親が多い。のびのびとした環境に入れることを目的に受験をするというケースもある。なのに、親たちは塾選びには、あまりにも実績主義で、あまりにも無頓着ではないだろうか？

子どもを持つ親としては自戒も込めて、子どもを成功者にするよりも、差別やハラスメントの加害者にしないことのほうがよほど重要だと言いたい。

あとがき

私は２０１７年春から5年間をシンガポールで暮らした。シンガポールで、研究者としてでもなく、ジャーナリストとしてでもなく、何よりもまず、子どもたちの母親として生活を始めた。到着してまず見に行ったのは、マーライオンでもなければ、コンドミニアム探しでもなく、子どもが通うローカル幼稚園だった。

当時5歳だった息子も、日本とシンガポールが人生の半々となり、１歳半だった娘は小学生になった。ジャーナリストとして、大学院生として、シンガポールでの5年間は、自分の生活まるごとのフィールドワークのようなものになった。

毎日の送り迎えの中で、シンガポール人の友達を作り、放課後を共にし、そこで見えてきたのは、シンガポールの親たちもまた非常に多様であることだ。

私はシンガポールで日本の仕事をリモートでこなし、子どもたちのケアをしながら駐在妻として生活した。現地に10年以上根を下ろし、ローカルの学校に子どもを通わせてきたような人たちと比べれば、どっぷりと現地に浸かったとはとてもいえない。

しかし、２０１８年からは、ジャーナリストとして記事や書籍に使用する承諾を得たうえで、大学院生としての調査を兼ねたインタビューを開始した。インタビューのメリットは、日常会話ではなかなか聞けない成育歴の話や、年収に至るまで、相手の合意のうえで聞き出せることだ。

もちろんサンプルは限られており、全シンガポールの多様性をカバーできているわけではない。そもそも中華系のミドル層にメインターゲットを絞るなどの戦略的サンプリングもしていて、網羅することを目指していない。

でもこうした取材手法、研究手法を加えたことで、シンガポール人にも見えていないかもしれないこと、あるいはシンガポールに20年住んでいる人だとしても聞いたことのなかったような話までも聞くことができている側面もあると思う。

日々生活をしながら見聞きすることと、この調査を通じて、シンガポールで起こっていることは、必ず日本の未来を考えるうえで参考になるだろうと思いはじめた。たかが人口560万人、淡路島ほどの面積の特殊な都市国家と日本を比較してどうするのかという批判に応じるとすれば、だから私はこの本で比較をしようとは思っていない。

それでもシンガポールで見えてきたことは、他の国にも照射することができるはずだ。決してバラ色の国などないという前提のもと、読後に何かを得てもらえていたら幸いだ。

日本に帰り、日本の中学受験の様相を目のあたりにし、自由な校風の学校に入るためだとか、中学高校時代を部活に打ちこめるからといった理由で受験を決める親子もいるが、そのために熾烈な受験戦争を乗り越えざるを得ないとしたら皮肉だなと感じる。

得たい教育環境という目的と、それを得るための手段としての偏差値教育と、そのギャップに懊悩《おうのう》している親も少なくないのではないか。私たちは「選べる」ことのメリットを享受しながら、じつは「選ばれる」ことの代償を支払っているともいえるのではないか。親ももう少し大局的に見て、肩の力を抜く必要はあるかもしれない。

また、「はじめに」で書いた自然体験や豊かな経験については、日本にはシンガポールよりもはるかに多くの選択肢があり、そのことは素晴らしい資源だと感じる。これらがシンガポールの習い事のように点数化しないことを願いつつ、このような経験が誰でもできて、格差をますます生じさせないように、公的に拡大していく取り組みを考えていく必要があると感じている。

謝辞

本書のきっかけとなる東洋経済オンラインの連載「北緯一度から見る 親たちと教育のこれから」を伴走してくれた吉川明日香さん、それを面白がってくれた是川夕先生、博士課程と執筆業をいつもあたたかく見守ってくれた本田由紀先生、『「育休世代」のジレンマ』以来のお付き合いをしてくださった光文社の草薙さん、そして何よりシンガポールで出会った皆さんに感謝申し上げます。

帰国したら、シンガポールで過ごした5年は夢だったかのように遠い思い出になるかと思っていたら、そうでもなく、シンガポールという国は今もインタビューに協力してくださった方々が生きている世界で、私が日本を見る軸として常に頭の中に視点をもたらしてくれる存在です。理想の国、すべてマネしたい国だとは思わない、でもシンガポールは私にとって多くの友人ができた国で、大好きな場所で、子どもたちにとって第二の故郷です。

I cannot thank you enough to all the people I met in Singapore.

回らない構造』PHP 新書
中村高康（2018）『暴走する能力主義——教育と現代社会の病理』ちくま新書
西日本新聞社編（2017）『新 移民時代——外国人労働者と共に生きる社会へ』明石書店
仁平典宏・山下順子編（2011）『労働再審⑤ ケア・協働・アンペイドワーク——揺らぐ労働の輪郭』大月書店
原田信之編著（2018）『カリキュラム・マネジメントと授業の質保証——各国の事例の比較から』北大路書房
平尾桂子（2004）「家族の教育戦略と母親の就労——進学塾通塾時間を中心に」本田由紀編『女性の就業と親子関係——母親たちの階層戦略』勁草書房
広田照幸（1999）『日本人のしつけは衰退したか——「教育する家族」のゆくえ』講談社現代新書
本田由紀編（2004）『女性の就業と親子関係——母親たちの階層戦略』勁草書房
本田由紀（2005）『多元化する「能力」と日本社会——ハイパー・メリトクラシー化のなかで』NTT 出版
松尾知明（2015）『21 世紀型スキルとは何か——コンピテンシーに基づく教育改革の国際比較』明石書店
松岡亮二（2019）『教育格差——階層・地域・学歴』ちくま新書
松下佳代編著（2010）『〈新しい能力〉は教育を変えるか——学力・リテラシー・コンピテンシー』ミネルヴァ書房
松田茂樹（2017）「アジアで進行する少子化——現状の理論的把握と背景要因の仮説の提案」『中京大学現代社会学部紀要』11-1. pp.1-28.
柳采延（2021）『専業主婦という選択——韓国の高学歴既婚女性と階層』勁草書房

い』京都大学学術出版会

落合恵美子・山根真理・宮坂靖子編（2007）『アジアの家族とジェンダー』勁草書房

片岡栄美（2019）『趣味の社会学――文化・階層・ジェンダー』青弓社

上村泰裕（2015）『福祉のアジア――国際比較から政策構想へ』名古屋大学出版会

神代健彦（2020）『「生存競争《サバイバル》」教育への反抗』集英社新書

小林和美（2017）『早期留学の社会学――国境を越える韓国の子どもたち』昭和堂

駒井洋監修・津崎克彦編著（2018）『産業構造の変化と外国人労働者――労働現場の実態と歴史的視点』明石書店

坂口可奈（2017）『シンガポールの奇跡――発展の秘訣と新たな課題』早稲田大学出版部

志水宏吉監修・伊佐夏実編著（2019）『学力を支える家族と子育て戦略――就学前後における大都市圏での追跡調査』明石書店

シム・チュン・キャット（2009）『シンガポールの教育とメリトクラシーに関する比較社会学的研究――選抜度の低い学校が果たす教育的・社会的機能と役割』東洋館出版社

シム・チュン・キャット（2020）「シンガポールにおける複線型教育がもたらす少子化への影響――『トーナメント競争マインドセット』とその罠」『家族社会学研究』32(2):187-199.

杉原名穂子（2018）「社会関係資本と家族要因の関連と効果：ジェンダー論の視点から」『社会情報学』6(3), pp.19-33.

武田信子（2021）『やりすぎ教育――商品化する子どもたち』ポプラ新書

竹村詠美（2020）『新・エリート教育――混沌を生き抜くためにつかみたい力とは？』日本経済新聞出版

田辺俊介（2018）「現代日本社会における排外主義の現状――計量分析による整理と規定要因の検討」樽本英樹編著『排外主義の国際比較――先進諸国における外国人移民の実態』ミネルヴァ書房

田村慶子（2000）『シンガポールの国家建設――ナショナリズム、エスニシティ、ジェンダー』明石書店

中野円佳（2014）『「育休世代」のジレンマ――女性活用はなぜ失敗するのか？』光文社新書

中野円佳（2019）『なぜ共働きも専業もしんどいのか――主婦がいないと

causes and policy issues, Routledge, Oxon.
Sue, D. W.（2010）*Microaggressions in Everyday Life: Race, Gender, and Sexual Orientation*, Wiley. =（2020）デラルド・ウィン・スー著、マイクロアグレッション研究会翻訳『日常生活に埋め込まれたマイクロアグレッション――人種、ジェンダー、性的指向：マイノリティに向けられる無意識の差別』明石書店
Sun, S. H-L.（2012）"*Population Policy and Reproduction in Singapore: Making Future Citizens.*" London and New York: Routledge.
Tan,C.（2017）"Private Supplementary Tutoring and Parentocracy in Singapore," *Interchange*, 48, pp.315-329.
Teo,Y. Y.（2019）*This is What Inequality Looks Like*, Singapore, Ethos Books.
Thiagarajan, M.（2016）*Beyond the Tiger Mom: East-West Parenting for the Global Age*, Tuttle Publishing.
Yeoh, B. S. A., and Huang, S.（2010）"Mothers on the Move: Children's Education and Transnational Mobility in Global-City Singapore," Chavkin, W. & Maher, J. M.（Eds）*The Globalization of Motherhood*, Oxfordshire, Routledge, pp.43-66.
Young. M.（1958）*The Rise of the Meritocracy, 1870-2033: An Essay on Education and Equality*, Thames and Hudson, NY. =（2021）マイケル・ヤング著、窪田鎮夫・山元卯一郎訳『メリトクラシー』講談社エディトリアル

〔日本語文献〕
荒牧草平（2016）『学歴の階層差はなぜ生まれるか』勁草書房
荒牧草平（2019）『教育格差のかくれた背景――親のパーソナルネットワークと学歴志向』勁草書房
岩崎育夫（2005）『シンガポール国家の研究――「秩序と成長」の制度化・機能・アクター』風響社
上野加代子（2011）『国境を越えるアジアの家事労働者――女性たちの生活戦略』世界思想社
大内裕和（2020）『教育・権力・社会――ゆとり教育から入試改革問題まで』青土社
落合恵美子編（2013）『親密圏と公共圏の再編成――アジア近代からの問

Singapore: Policies and Prospects, Imperial College Press.

Mathews, M., Lim, L., and Teng, S.（2017）“Parents' Perceptions of the Singapore Primary School System,” *Institute of Policy Studies Working Papers*, No 27. https://scholarbank.nus.edu.sg/handle/10635/141802.

Merton, R. K.（1949, 1957）*Social Theory and Social Structure: Toward the Codification of Theory and Research*, Free Press. =（1961）ロバート・K・マートン著、森東吾・金沢実・森好夫・中島竜太郎訳『社会理論と社会構造』みすず書房

Ministry of Education（2016）‘Changes To PSLE Scoring And Secondary One Posting’, *MOE Press Release*, 2016 /7/13.

O'Neill, B. and Gidengil, E.（2006）*Gender and Social Capital*, New York, Routledge.

Ong, Y. K.（2018）‘Addendum to the President's Address’, *MOE Press release*, 2018/5/10.

Ruddick, S.（1980）“Maternal Thinking.” *Feminist Studies*: FS 6(2), pp.342-67.

Sandel, M. J.（2020）*The Tyranny of Merit : What's Become of the Common Good?*, Farrar, Straus and Giroux. =（2021）マイケル・サンデル著、鬼澤忍訳『実力も運のうち――能力主義は正義か？』早川書房

Schleicher, A.（2018）*World Class: How to Build a 21st-Centry School System*, OECD Publishing. =（2019）アンドレアス・シュライヒャー著、経済協力開発機構編『教育のワールドクラス――21世紀の学校システムをつくる』明石書店

Shum-Cheung, H. S., Hawkins, R. and Lim, K. W.（2006）“The Parenting Project: Disciplinary Practices, Child Care Arrangements and Parenting Practices in Singapore.” https://www.semanticscholar.org/paper/d4f72583fe4f2ae1c6e097d8382c55003c85d5b7

Straughan P. T., Chan. A., & Jones G.（2008）From population control to fertility promotion: A case study of family policies and fertility trends in Singapore. In Jones, G., Straughan, P. T., & Chan, A.（Eds.）, *Ultra-low fertility in Pacific Asia: Trends,*

The New Press. = (2009) マーサ・A・ファインマン著、穐田信子・速水葉子訳『ケアの絆——自律神話を超えて』岩波書店
Goh, C. T. (1997) "Shaping our Future: 'Thinking schools'and a 'learning nation'," *Speeches*, 1997/6/2, National Archives of Singapore.
Heckman, J. J. (2013) *Giving Kids a Fair Chance: A Strategy that Works*, The MIT Press. = (2015) ジェームズ・J・ヘックマン著、古草秀子訳『幼児教育の経済学』東洋経済新報社
Hochschild, A. R. (1997) *The Time Bind: When Work Becomes Home and Home Becomes Work*, Metropolitan Books. = (2022) A・R・ホックシールド著、坂口緑・中野聡子・両角道代訳『タイムバインド——不機嫌な家庭、居心地がよい職場』ちくま学芸文庫
Kariya, T. and Rosenbaum J. E. (1999) Bright Flight: Unintended Consequences of Detracking Policy in Japan, *American Journal of Education*, Volume 107, Number 3.
Kho, E. M. (2010) "Economic Pragmatism and the 'Schooling' of Girls in Singapore." HSSE Online 4(2), pp.62-77.
Labaree, D. (2010) *Someone Has to Fail: The Zero-Sum Game of Public Schooling*, Harvard University Press. = (2018) デイヴィッド・ラバリー著、倉石一郎・小林美文訳『教育依存社会アメリカ——学校改革の大義と現実』岩波書店
LaPorte, N. (2021) *Guilty Admissions: The Bribes, Favors, and Phonies behind the College Cheating Scandal*, Twelve.
Lareau, A. (2003) *Unequal Childhoods: Class, Race, and Family Life*, University of California Press.
Lin, E., Gan, G., and Pan, J. (2020) Singapore's Adjusted Gender Pay Gap, MOM, Singapore.
https://stats.mom.gov.sg/iMAS_PdfLibrary/mrsd-Singapores-Adjusted-Gender-Pay-Gap.pdf
Mason, J. (1996) Gender, Care and Sensibility in Family and Kin Relationships. In *Sex, Sensibility and the Gendered Body* (pp. 15 - 36), edited by Janet Holland and Lisa Adkins. London, England: Macmillan.
Mathews, M. and Fong, C. W. (2016) *Managing Diversity in*

【主要参考文献】

〔外国語文献〕

Bach, D. & Christensen, S.（2017）“Battling the Tiger Mother: Pre-School Reform and Conflicting Norms of Parenthood in Singapore.” *Children & Society*, 31(2): 134–43.

Borjas, G. J.（2016）*We Wanted Workers: Unraveling the Immigration Narrative*, W. W. Norton & Company, Inc. ＝（2017）ジョージ・ボージャス著、岩本正明訳『移民の政治経済学』白水社

Brown, P.（1990）“The ‘Third Wave’: Education and the Ideology of Parentocracy.” *British Journal of Sociology of Education* 11(1): 65–86.

Brown, W.（2015）*Undoing the Demos: Neoliberalism’s Stealth Revolution*, Zone Books.=（2017）ウェンディ・ブラウン著、中井亜佐子訳『いかにして民主主義は失われていくのか――新自由主義の見えざる攻撃』みすず書房

Chao, R. K.（1996）“Chinese and European American Mothers’ Beliefs about the Role of Parenting in Children’s School Success,” *Journal of Cross-Cultural Psychology*, 27(4) pp.403-23.

Chua, A.（2011）*Battle Hymn of the Tiger Mother*, Penguin Press.=（2011）エイミー・チュア著、齋藤孝訳『タイガー・マザー』朝日出版社

Daminger, A.（2019）“The Cognitive Dimension of Household Labor.” *American Sociological Review*, 84(4) pp.609-633.

Doepke, M. and Zilibotti, F.（2019）*Love, Money & Parenting: How Economics Explains the Way We Raise Our Kids*, Princeton University Press. ＝（2020）マティアス・ドゥプケ、ファブリツィオ・ジリボッティ著、鹿田昌美訳『子育ての経済学――愛情・お金・育児スタイル』慶應義塾大学出版会

Duckworth, A.（2016）*Grit: The Power of Passion and Perseverance*, Scribner. ＝（2016）アンジェラ・ダックワース著、神崎朗子訳『やり抜く力 GRIT（グリット）――人生のあらゆる成功を決める「究極の能力」を身につける』ダイヤモンド社

Fineman, M. A.（2004）*The Autonomy Myth: A Theory of Dependency,*

中野円佳（なかのまどか）

1984年東京都生まれ。東京大学教育学部を卒業後、日本経済新聞社に入社。大企業の財務や経営、厚生労働政策などを取材。育休中に立命館大学大学院先端総合学術研究科入学。同研究科に提出の修士論文を基に2014年『「育休世代」のジレンマ——女性活用はなぜ失敗するのか？』（光文社新書）を出版。'15年よりフリージャーナリスト、東京大学大学院教育学研究科博士課程在籍。'22年より東京大学男女共同参画室特任研究員。キッズライン報道でPEPジャーナリズム大賞2021特別賞、第2回調査報道大賞デジタル部門優秀賞受賞。著書は他に『上司の「いじり」が許せない』（講談社現代新書）、『なぜ共働きも専業もしんどいのか——主婦がいないと回らない構造』（PHP新書）など。

教育大国《きょういくたいこく》シンガポール

日本《にほん》は何《なに》を学《まな》べるか

2023年1月30日初版1刷発行

著　者 —— 中野円佳

発行者 —— 三宅貴久

装　幀 —— アラン・チャン

印刷所 —— 萩原印刷

製本所 —— ナショナル製本

発行所 —— 株式会社光文社

東京都文京区音羽1-16-6（〒112-8011）

https://www.kobunsha.com/

電　話 —— 編集部03（5395）8289　書籍販売部03（5395）8116

業務部03（5395）8125

メール —— sinsyo@kobunsha.com

ISBN 978-4-334-04645-3

1206
無国籍と複数国籍
あなたは「ナニジン」ですか？

陳天璽

自ら「無国籍者」として人生の大半を過ごしてきた著者が当事者に焦点をあて、国・国籍・国境を問い直す。トランスナショナルな時代に考えたい「人類社会がこれから向かうべき道」。

978-4-334-04615-6

1207
データ管理は私たちを幸福にするか？
自己追跡《セルフトラッキング》の倫理学

堀内進之介

スマホなどを通じた利己的な自己管理はどのように利他や社会へと接続可能か。リスクを検討しつつも「人文的な」批判に終始せず、慎重で開放的なスタンスから改革を提言する。

978-4-334-04579-1

1208
牟田口廉也とインパール作戦
日本陸軍「無責任の総和」を問う

関口高史

いつ、誰の、どのような意思決定で計画・実施されたのか？失敗の原因はどこにあるのか？　軍事研究のプロが緻密な分析で、従来の牟田口像とインパール作戦の「常識」を覆す。

978-4-334-04616-3

1209
検証　内閣法制局の近現代史

倉山満

首相官邸や財務省を抑え込むほどの力を持つ内閣法制局。その力の源はどこにあるのか？　ロングセラー『検証　財務省の近現代史』『検証　検察庁の近現代史』に次ぐ、三部作完結編！

978-4-334-04617-0

1210
エベレストの空

上田優紀

緑溢れる麓の街道、標高８０００ｍからの夜明け、天空に突き刺さる黒い頂――。挑戦した人だけが知るエベレストの全貌をネイチャーフォトグラファーが鮮やかな写真とともに描く。

978-4-334-04618-7

1211
鎌倉幕府抗争史
御家人間抗争の二十七年
細川重男

源頼朝亡き後、鎌倉幕府は異常ともいえる内紛と流血の時代を迎えた。御家人同士の抗争劇から浮かび上がる鎌倉時代初期の政治史と、武士たちのリアルな生き様を活写する。

978-4-334-04619-4

1212
萩尾望都がいる
長山靖生

『ポーの一族』『トーマの心臓』『11人いる!』『イグアナの娘』…SF、ジェンダー、多様性、親子関係etc.、常に時代の先を行くその表現に我々は何を学んだのか。魅力と活躍の軌跡を辿る。

978-4-334-04620-0

1213
いままで起きたこと、これから起きること。
「周期」で読み解く世界の未来
高城剛

社会は循環し、万物に周期が存在する。２０２０年代の現在、あらゆる分野のサイクルが幾重にも重なる転換点に立っている。時代の大波を知り、サバイブするためのヒントを共有する。

978-4-334-04606-4

1214
ＩｏＴと日本のアーキテクチャー戦略
柴田友厚

いま、なぜアーキテクチャー戦略が重要なのか？　トヨタ、ダイキン、コマツ……世界で成功している企業から何が学べるか？　二つの重要なキーワードから、日本企業が採るべき道を探る。

978-4-334-04621-7

1215
会話を哲学する
コミュニケーションとマニピュレーション
三木那由他

会話とは言葉をもって互いに影響を与え合う営みなのか？　漫画や小説などを題材に、コミュニケーションとマニピュレーションという二つの観点から、会話という行為の魅力を解き明かす。

978-4-334-04622-4

光文社新書

1216
住宅開発秘史
昭和の東京郊外

三浦展

戦後、住宅難から発生した土地開発バブルによる悲喜こもごものドラマを経て郊外は発展していった。当時の不動産チラシをもとに跡地を訪ね、家と町の歴史を考証する新しい住宅史。

978-4-334-04623-1

1217
農家はもっと減っていい
農業の「常識」はウソだらけ

久松達央

「農家」の8割が売上500万円以下という残念な事実／農地転用という農家の「不都合な真実」／――農業に関する様々なウソに丁寧に反論し、これからの日本の農業のあり方を考える。

978-4-334-04624-8

1218
宇宙を動かしているものは何か

谷口義明

約一三八億年前に生まれ、膨張を続ける宇宙。謎が多いこの宇宙は、私たちが思っている以上にシンプルだ――。鍵を握るキーワードとは？　天文学者が「宇宙のエンジン」を総点検。

978-4-334-04625-5

1219
射精道

今井伸

射精は一日にしてならず――思春期から中高年まで、知っておくべき正しい扱い方と心構え、練習の重要性とは。性機能と生殖医療の専門医が、各年代で現れやすい問題と対策を解説。

978-4-334-04626-2

1220
日本の高山植物
どうやって生きているの？

工藤岳

乾燥、強風、のちに豪雪――。過酷な環境に咲く可憐な高山植物には、したたかな生存戦略があった。この道三十年の植物学者が語り尽くす〝高嶺の花〟の秘密と魅力。

978-4-334-04627-9

1231
時を超える美術
「グローカル・アート」の旅
新見隆

ローカル（地域、身近なもの）を大事にしながらグローバル（世界のありかた）につながる――。そんな「グローカル」な精神を宿した美術作品や芸術家に触れた「芸術風土記」エッセイ。

978-4-334-04638-5

1232
Web3とは何か
NFT、ブロックチェーン、メタバース
岡嶋裕史

「巨大IT企業の支配から個人が解放されたインフラ」で、「要素技術としてブロックチェーン、なかでもNFTあたりを重視する」というWeb3の全体像を、批判的な見方を含め解説。

978-4-334-04639-2

1233
古典と日本人
「古典的公共圏」の栄光と没落
前田雅之

高等教育の古文・漢文不要論が唱えられる今、私たちに古典は本当に必要なのか。日本において古典が成立した歴史を辿りながら、そもそも「古典」とは何かということを考える。

978-4-334-04640-8

1234
小学校受験
現代日本の「教育する家族」
望月由起

拡大・過熱・多様化――誰が、なぜ、どのように受験しているのか。入学後の環境は？ 教育学者が小学校受験の実際や問題点、評価すべき点などを、経験者の声も交え具体的・リアルに報告。

978-4-334-04641-5

1235
アニメ療法《セラピー》
心をケアするエンターテインメント
パントー・フランチェスコ

日本のポップカルチャーの力で、心を治癒することはできるか。イタリア出身のオタク精神科医が精神医学や心理学の知見を物語療法と接続し、新しい「アニメ療法《セラピー》」を構想する。

978-4-334-04642-2

1236
安い・美味しい・簡単 実践 健康食
岩田健太郎

「近所のスーパーの特売品で自炊」に健康が詰まってる…感染症医でファイナンシャル・プランナーの資格も持つ著者と考える、お金をかけず、持続可能でより豊かに生きるための食事術。

978-4-334-04643-9

1237
社会を変えるスタートアップ
「就労困難者ゼロ社会」の実現
小野貴也

全国1500万人の「就労困難者」に適切な仕事を提供し、労働力減少を補う。社会課題を解決するスタートアップが見据える日本経済の未来像と、その先にあるインクルーシブ社会とは。

978-4-334-04644-6

1238
教育大国シンガポール
日本は何を学べるか
中野円佳

激しい教育競争、点数化する習い事――煽られ、葛藤する母親達、疲弊する子ども達。教育社会学研究者・ジャーナリストが現地の教育システムの実態を、インタビュー調査を交え報告。

978-4-334-04645-3

1239
エンタメ小説家の失敗学
「売れなければ終わり」の修羅の道
平山瑞穂

華々しいデビュー、10万部超えのヒット、そして映画化――。人気作家も目前だった小説家が犯した痛恨の「失敗」とは？出版界の裏事情と赤裸々な告白に満ちた自虐的反省の書。

978-4-334-04646-0

1240
「おふくろの味」幻想
誰が郷愁の味をつくったのか
湯澤規子

一体「おふくろの味」とは何を指しているのか。なぜそれは時に女性たちをいらだたせるのか。社会と時代を丹念に読み解き、「おふくろの味」が誕生した経緯とその正体を探る。

978-4-334-04647-7